キリシタン教会と本能寺の変

浅見雅一

JN030939

角川新書

DTP／フォレスト

はしがき

私が本能寺《ほんのうじ》の変に関心を持ったのは、妻からの質問がきっかけであった。二〇一三年頃のことであったろうか。私の妻 安廷苑《アンジヨンウオン》が、細川《ほそかわ》ガラシャは、本能寺の変を起こした父親をどう思っていたのか、山崎《やまざき》の戦いでキリシタン大名の高山右近《たかやまうこん》が明智光秀《あけちみつひで》を破っているが、ガラシャは右近を恨んでいなかったのか、などということを私に尋ねてきた。

当時、妻は『細川ガラシャ——キリシタン史料から見た生涯』（中公新書、二〇一四年）を執筆中であった。細川ガラシャは、細川忠興《ただおき》の妻であるが、父親は明智光秀である。本能寺の変のあと、夫忠興は、舅《しゆうと》の光秀には与《くみ》せず、妻ガラシャを離縁して現在の京丹後《きようたんご》市にある味土野《みどの》という辺鄙《へんぴ》な場所にしばらく幽閉してしまう。本能寺の変がガラシャの運命を一変させたのである。

「細川家記《ほそかわかき》」（「綿考輯録《めんこうしゅうろく》」）には、本能寺の変のあと、ガラシャが父光秀に謀反を起こしたことに対する恨みごとを述べたような書状が引用されている。しかし、これは書状としては実に不自然で未熟な形態なので、「細川家記」の編者が創作したものと考えてよいであろう。ガラシャにとっては、父光秀がつねに敬愛の対象であったことが彼女に関するイエズス会の史料には見られる。

しかし、夫忠興の友人でもあるキリシタンの高山右近に対してはどうなのか。本能寺の変については、キリシタン史料に多少の記載があることは知っていたが、当初はそこから何かがわかるとは考えていなかった。そこで、とりあえず日本語に翻訳されているものから目を通していくと、いくつもの疑問が浮かんできた。本能寺の変など事実経過はわかり切ったことと思っていたが、実際はそうでもなかったのである。その基になったエヴォラ版『日本書翰集《しょかんしゅう》』を引っ張り出して、ポルトガル語の原文にあたってみたが、やはり大きな誤訳があるわけでもない以上、何ら認識が変わるものではなかった。

本能寺の変が起こる前、入信前のガラシャと右近との関係を考慮するならば、本能寺の変には実に不可思議なことがある。右近は、山崎の戦いでは光秀の軍隊を撃破し、坂本《さかもと》城では明智秀満《ひでみつ》を始めとする明智一族を包囲して壊滅させたことになっている。すると、ガラシャは、右近を恨んではいなかったのかと単純に思う。普通に考えれば、右近は、ガラシャにとって父親の仇《かたき》であり、明智一族の仇でもある。戦国の世であるから、右近が山崎で先陣を務めたのはやむを得なかったと考えるにしても、坂本城に明智秀満を包囲するのにわざわざ進んで先陣を務める必要はなかったはずである。その結果、秀満はもとより彼女の姉と弟たちも城内で自刃したと思われる。

その右近は、キリシタンの信仰を持っていることを前面に出して、周囲の者たちにも盛んに教えを説いていたようである。夫忠興もその一人である。当たり前に考えれば、ガラシャが自身の救いを求めていたとしても、親の仇である右近が信仰するキリシタンの教えに関心を抱き、しかも自ら進んで改宗するとは思えない。これは一体どういうことなのか。このように考えていくと、本能寺の変をめぐっては不自然なことが多く、単純だと思っていたことが案外そうではないと思えるようになった。そこでフロイスの遺したいくつかの文書に改めてあたっていくうちに、私の認識は次第に変わっていった。

光秀の背後に黒幕がいたなどとする議論もあるが、光秀が織田信長《おだのぶなが》を殺害した事実関係はおおむね明らかになっているといえよう。私自身は、光秀の背後に黒幕がいたとは考えていない。ましてや、イエズス会が信長の殺害に積極的に関与していたなどということはあり得ないと考えている。

当時、京都の本能寺の近くにはキリシタン教会があり、ヨーロッパ人のイエズス会宣教師が居住していた。信長は、キリシタン宣教師たちを厚遇していたので、京都に教会を設立することを認めたのである。それで当時日本に来ていたキリシタン宣教師たちが、本能寺の変を間近で目撃してしまうことになる。さらに、信長が築いた安土《あづち》城下にもキリシタン教会があり、そこにもイエズス会の宣教師たちがいた。彼らは、自らが体験した本能寺の変についての報告を執筆し、京都から口之津《くちのつ》に移動していたルイス・フロイスに送っているのである。

フロイスは、巡察師（巡察地におけるイエズス会総長代理の権限を持つ役職）アレッサンドロ・ヴァリニャーノの日本巡察に同行して、通訳を務めるなどの大役を果たして九州に帰還している。彼は、京都から口之津に送付されてきた報告を基にして「一五八二年の日本年報補遺」となるものをまとめ、それをローマのイエズス会本部に送付した。

フロイスは、その後さらにイエズス会の日本布教史である「日本史」という大著を執筆しているが、そこでもこの大事件の経緯を改めてまとめている。本文で詳細に述べるつもりであるが、フロイスの「日本史」は、それまでに執筆された「日本年報」や「日本年報補遺」などの手元の控えを基にして編纂《へんさん》されているので、同時代史料という点では史料価値はそれらよりもおおむね劣ると見てよい。

本能寺の変を記録した日本側の史料は、のちに政権を取った豊臣《とよとみ》氏の立場から、さらに江戸幕府の立場から捉《とら》えられているので、そもそも視点がある種の制約を受けているといわれている。この論理でいえば、信長を討った光秀は裏切り者の謀反人であり、その光秀を討った秀吉《ひでよし》には正義があることになるのである。江戸時代に作成された軍記物にしたところで、光秀を謀反に失敗した悲劇のヒーローに仕立てあげることはむずかしい。しかも、江戸幕府の手前、我が藩は本能寺の変後に実は光秀から協力を要請されていました、などとはとても書けない。たとえ光秀から当時の藩主に何らかの書状が送られていたとしても、そのようなものが幕府に見つかれば、あらぬ誤解を受けないとも限らない。当然、そうした書状は最初からなかったものとして破棄してしまうのが無難であることになる。

光秀は、本能寺の変のあとに細川藤孝《ふじたか》に協力を要請した。しかし、藤孝は、光秀に協力しないだけでなく、自分は家督を息子の忠興に譲ったといって剃髪《ていはつ》してしまった。忠興はといえば、まだ若かったにもかかわらず、父藤孝に続いて剃髪してしまったのである。

藤孝は、かつて光秀の盟友であったうえ、忠興の妻は細川ガラシャの名で知られる光秀の娘である。つまり、藤孝と光秀は、親類でもあった。細川家は、光秀との関係という点では、外部に対してまったく申し開きができない立場にある。光秀が協力を要請する書状が細川家には遺《のこ》っていたことは、両家の関係を考慮するならば納得できるところであろう。細川家は、たとえ光秀の書状を破棄したところで、その関係は否定しようがなかったのである。

それでは、本能寺の変に関するすべての史料がそうした制約を受けているかといえば、決してそうではない。キリシタン史料はこうした制約からは明らかに解放されているのである。日本にいるイエズス会士がポルトガル語やスペイン語でローマの本部に報告するのであるから、何を書こうが日本の為政者に読まれることはあり得ない。だが、キリシタン史料に信憑《しんぴょう》性があるのかとなると、先行研究の多くが程度の差こそあれ、疑問を提示しているようである。たとえば、フロイスは、キリシタン宣教師なので記述には一定のバイアスがかかっているはずであるといわれる。また、フロイスには誇張癖があるので、その記述は全面的には信用できないともいわれる。

しかし、これらの点ははたして事実なのであろうか。本能寺の変について報告している「一五八二年の日本年報補遺」は、たしかにフロイスがまとめたものには違いないが、後述するように実際にはフロイスは内容にはほとんど手を加えていないと考えられる。そこでは、キリシタン大名として知られる高山右近の活躍がいささか誇張されているようにも見えるが、これは右近本人が事後に話したことを基にしたからである。

「一五八二年の日本年報補遺」は、フロイスが滞在中の九州の口之津において執筆したものなので、京都の現場に居合わせた者が書いた史料ではないともいわれる。しかし、実際にはその指摘は必ずしも的を射たものであるとはいえない。フロイスは、畿内から送られてきた書翰や報告書を口之津で編集したに過ぎないのである。ただし、問題なのは、その基になった書翰や報告書が現存しないこと、少なくとも現時点では存在が確認されていないことである。

それでは、現存する「一五八二年の日本年報補遺」から、フロイスが利用したはずの書翰や報告書の記述が復元できるであろうか。実際に関係史料がほとんど残存していないとはいえ、私は、ある程度まで復元は可能であると考えている。その手掛かりはこの文書それ自体に見出《みいだ》すことができる。フロイスは、畿内から送られてきた報告書を編集したとはいえ、自ら加筆することは意外といっていいほどなかったと考えられる。

ところで、光秀が謀反を起こした理由が当時から諸説あるということは、同時代の人々にもその理由は明確にはわからなかったことを意味する。しかし、その理由を知っている人物、または状況を理解すれば理由を推測できる人物はいなかったのだろうか。もしいたとするならば、それははたして誰なのか。

このように考えるならば、本能寺の変については、実のところキーパーソンが三人いるといえる。これまで注目されてこなかったことであるが、光秀の立場と真意を考えるためには、この三人の存在は決して無視できない。

第一は、イエズス会宣教師のニェッキ・ソルド・オルガンティーノである。彼は光秀と知己の間柄であっただけでなく、明智家とは意外なほど近い存在であった。オルガンティーノ自身は、本能寺の変について書き残してはいないが、彼の立場と見解は残存史料からある程度まで浮かび上がってくる。本書においては、それをイエズス会文書から解き明かしていくつもりである。

第二は、光秀の嫡子「十五郎」である。読みは「じゅうごろう」か「とおごろう」であろうが、はっきりとはわからない。「細川家文書」の書状に見える十五郎が確実な名前であり、「天正十年愛宕百韻《あたごひゃくいん》」に名前が見える光慶と同一人物であると考えられている。ただし、大変残念なことに、十五郎についてはほかに確認されている史料に信憑性の高いものが存在しない。彼は、坂本城において明智一族と自刃しており、生き延びることができなかった。

第三は、明智家で唯一生き残った光秀の娘玉《たま》（珠）、すなわち細川ガラシャである。十五郎は、ガラシャにとっては実の弟である。オルガンティーノは、坂本城において自刃前の十五郎に会っている。そのときのことをのちにガラシャに伝えたはずである。つまり、オルガンティーノは、十五郎とガラシャの両者に関わっているのである。ガラシャは、状況を知れば、父光秀の真意を読み取ることができたのではないだろうか。

このように考えていくと、本能寺の変から、光秀と娘のガラシャの親子の物語が見えてくるといっても過言ではない。そこにイエズス会のオルガンティーノが関わっているのである。実は、キリシタン教会は、光秀親子の絆《きずな》を取り持つ存在であった。しかも、オルガンティーノは、ガラシャにとって弟十五郎の恩人でもあったと思われる。彼女にとっては、本能寺の変は、父光秀の死によって完結したのではない。彼女自身の壮絶な死が、実は第二の本能寺の変であると考えられるのである。

本能寺の変について、日本側の史料に基づいた研究にはこれまでかなりの蓄積がある。今後、何らかの形で関係すると思われる史料が発見される可能性も否定できない。本書は、あくまでもイエズス会の史料を中心にして、それに関する限りにおいて考察を進めていくことにする。キリシタン史料を詳細に分析することによって、光秀の意外な素顔が見えてくる。

そのうえで、謀反を実行した光秀の置かれた状況を可能な限り探っていきたい。光秀が本能寺の変を起こした理由を追究し、私なりの仮説を提示したいと思う。

「キリシタン教会と本能寺の変」目次

第四章　光秀の意図　159

史料編　ルイス・フロイス「信長の死について」　213

第一章　信長とキリシタン宣教師

一　信長とフロイス

キリシタン宣教師は信長をどう見ていたか

織田信長《おだのぶなが》は、キリシタン宣教師とは密接な関係がある。ポルトガル出身のルイス・フロイス（一五三二～九七）を始めとする当時のイエズス会の宣教師には、信長と知己であった者が何名かいる。そうしたこともあって、キリシタン史料には信長についての記述が散見される。

それでは、キリシタン宣教師たちは、天下人信長をどう見ていたのか。フロイスは、信長に厚遇されたことによって、信長を間近に見ることになった。フロイス自身が信長の置かれた状況を理解していると考えていたようであり、私たちもフロイスが信長を理解していると思いがちだが、実際にはフロイスが信長について経験していることはそれほど多いとはいえない。フロイスが信長と面識があることが、イエズス会の史料を見る目を狂わせているともいえるのである。

狩野元秀筆「紙本著色織田信長肖像画」（長興寺（豊田市）所蔵、写真協力豊田市郷土資料館）

なお、キリシタンという言葉は、ポルトガル語のChristãoに由来する。「キリスト教の」という意味であるが、「キリスト教徒」という意味にもなる。かつては「切支丹」または「吉利支丹」などと表記されていたが、現在は「キリシタン」が学術用語として定着している。一六世紀半ばから一七世紀半ばまで、日本にキリスト教が布教された時代を「キリシタン時代」または「キリシタンの世紀」と呼んでいる。

信長の時代、天下とはいっても畿内を中心とした狭い地域に過ぎないとは、よく指摘されるところである。その意味では、天下人といっても京都とその周辺を見ていたに過ぎず、戦国大名たちが日本全国の支配を目指していたとはいえない。信長が本当に全国統一を目指していたのかは疑わしいということになる。もっとも、「天下」とは、イエズス会が作成した『日葡《にっぽ》辞書』全二巻（長崎、一六〇三・〇四年）には、「君主国《モナルシア》」または「帝国《インペリオ》」を意味するとされ、必ずしも狭い範囲に限定されてはいない。信長の革新性については、近年は疑問が提示されることもあり、信長の行なったことに特に目新しさはないともいわれる。たとえば、楽市楽座令にしても、信長が実施したことで有名になったが、楽市については天文《てんぶん》一八年（一五四九）に近江《おうみ》国の六角定頼《ろっかくさだより》が実施したのが最初の事例といわれており、信長が創始したことではない。このように、信長が新たに始めた政策は実際にはそれほどないこともわかってきている。

フロイスの「日本史」に見られるように、キリシタン宣教師たちは、信長が天下統一を目指した支配者であると見ている。彼らの目に映った信長の人物像を一言でいうならば、カリスマ性の強い専制君主といったところである。信長は短気で残忍ではあるが、その反面、優れた能力と理性を備えていると見られている。ごく限られた地域のみを支配する平凡な支配者ということはまったくないのである。キリシタン宣教師たちにとっては、信長の政策が独創的か否かは、実はそれほど重要なことではない。彼らの信長に対する評価はそのようなことではなかった。彼らは、信長を専制君主のように見て怖れていたのである。それでは、彼らは、何をもって信長のイメージを形成していったのであろうか。

フロイスの見たもの

永禄《えいろく》七年（一五六四）、フロイスは、九州の度島《たくしま》から畿内方面に向かっている。永禄八年（一五六五）、ガスパール・ヴィレラ（一五二五頃〜七二）とともに京都に着くと、第一三代将軍足《あし》利義輝《かがよしてる》に謁見を許されている。京都布教に携わっていたが、永禄一二年（一五六九）、建築中であった二条城《にじょう》において信長に謁見している。この時点では、フロイスは、十分には日本語を理解しておらず、日本人の通訳を介していたと考えられている。その後、フロイスは、信長の信頼を得たらしく、しばしば謁見を許されている。信長は、仏教を弾圧したことで知られるが、キリシタンに対しては比較的好意的であった。

フロイスの記事にはキリスト教の立場からの偏向があるといわれている。キリシタン宣教師であるから、キリスト教に好意的な人物については好意的に記述するし、好意的でない人物についてはよくは書かない。たしかにフロイスにはその傾向が特に強い。信長は、キリシタンに好意的で、フロイスに対しても好意をもって接していたこともあって、フロイスは信長贔屓《びいき》の傾向がある。信長にしてみれば、キリシタンに関心を持っていたのは異国趣味のようなものであり、フロイスらを厚遇したのもその一環であったと見られる。

だが、それをもってキリシタン史料は信憑性《しんぴょう》が低いと考えてもいいのであろうか。実際に、フロイスには信長贔屓のきらいがあるとしても、またキリシタンの教えに好意的な人物には評価が甘いなどの傾向があるとしても、事実に反することを事実であるかのように創作することはない。日本の事情に関しては、特別な理由がなければ、自分たちに都合よく記事を創作する必要もない。

また、ポルトガル語やスペイン語などのヨーロッパの言語で執筆されたものであって日本語で執筆されたものではないので、当然のことながら、そのあとで政権を取った豊臣秀吉《とよとみひでよし》や江戸幕府の意向を配慮しながら記述する必要もないのである。

それでは、キリシタン史料をどう読むのか。

まず、キリシタン宣教師としてのバイアスがかかった記事であると考えるのではなく、日本側の史料と同様に、事件を目撃した人物の記録として扱うべきである。もちろん、何らかのバイアスがまったくなかったと断言することはむずかしいかもしれないが、その内容は状況から読み解くことが可能である。

フロイスは、天正《てんしょう》一〇年(一五八二)には口之津《くちのつ》にいたので、本能寺の変を目撃したわけではない。しかし都から送られた書翰《しょかん》や報告書を参照しているので、史料の成立に関してはその内容を詳細に検討していく必要がある。フロイスが最終的に執筆したとしても、その記事の基になった書翰や報告書がどのようなものであったか明らかにしていくことが必要なのである。

フロイスは、巡察師ヴァリニャーノに同行して九州に向かい、信長のもとを離れることになる。ヴァリニャーノが任命された巡察師というのはイエズス会の役職のひとつであるが、ローマの本部にいるイエズス会総長の代理を務めるという大きな権限を持つものである。当時、イエズス会総長がローマから遠隔の海外布教地に赴くことは事実上不可能なので、総長に代わって巡察師が布教地を実際に視察したのである。その後、本能寺の変が起きる。それゆえ、フロイス自身は信長の最晩年の様子を知らないのである。

インドでイエズス会の教育を受けたフロイス

ヴァリニャーノが信長に謁見した際に通訳を務めたのが、フロイスである。

一五三二年、フロイスは、ポルトガルのリスボンに生まれた。一五四八年、コインブラにおいてイエズス会に入会している。彼は一〇代の後半に差しかかったところで、教会に入ったことになるが、当時はこのくらいの年齢で教会に入ることは決して珍しいことではなかった。同年には東方布教を志してポルトガルを離れており、まもなくインドに赴いている。その後、ゴアを始めとするインドのイエズス会の教育機関において教育を受けた。つまり、フロイスは本格的な教育をヨーロッパではなく、布教地のインドで受けたことになる。一五五四年、イエズス会のメルシオール・ヌーネス・バレート（一五二〇頃～七一）とともにマラッカに移り、一五六一年、ゴアにおいて司祭に叙階された。

一五六三年（永禄六）、フロイスは、ポルトガル船の寄港地に指定されていた横瀬浦《よこせうら》に到着している。当時日本には、イエズス会士は日本布教長コスメ・デ・トーレス（一五一〇～七〇）、ガスパール・ヴィレラ、ファン・フェルナンデス（一五二六頃～六七）など数名しかいない状態であった。フロイスは、度島にしばらく滞在したあと、堺《さかい》を経て、一五六五年（永禄八）に京都に到着した。第一三代将軍足利義輝に謁見を許されたが、その直後に義輝が松永久秀《まつながひさひで》ら家臣によって殺害されてしまう。そのため、フロイスは、混乱する京都を離れて再び堺に滞在することにしている。

一五六九年（永禄一二）、フロイスは、和田惟政《わだこれまさ》の仲介によって信長の知遇を得ている。同年、信長の面前で日蓮宗《にちれん》の僧侶朝山日乗《あさやまにちじょう》（?〜一五七七）と宗論を戦わせることになった。フロイスによれば、自身が日乗を完全に論破したことになっているが、もちろん当事者のいうことであるから割り引いて考えるべきであろう。一五七五年（天正三）、イエズス会は京都の本能寺《ほんのうじ》近くの教会建設に着手し、翌七六年（天正四）に京都の教会が完成すると、フロイスはそれを見届けたあとに豊後府内《ぶんごふない》に移動している。

二〇世紀まで刊行が待たれたフロイスの「日本史」

フロイスは、イエズス会の「日本年報」の作成者として知られており、多数の書翰や報告書を遺している。彼は、特に筆が速かったようであり、彼の手になるものは多数が遺っている。一五八三年（天正一一）、こうした力量を買われたからか、彼は「日本教会史」の執筆を命じられた。

一五九一年（天正一九）、彼は、巡察師ヴァリニャーノの第二次日本巡察に通訳として同行し、聚楽第《じゅらくだい》において秀吉に謁見している。一五九二年（天正二〇）、ヴァリニャーノの命令によって、フロイスは、長崎を離れてマカオに渡航した。その際、フロイスは、自ら執筆してきたイエズス会の日本布教史である著書『日本史』の原稿を持参しており、印刷するためにマカオからヨーロッパに送付することを希望していた。現在、フロイスの『日本史』には一五九三年までの記事が確認できるが、この時点では彼はおおむね原稿を完成していたようである。

フロイスは、自らがまとめた『日本史』をヨーロッパにおいて印刷することを想定したうえで執筆したが、彼の上司にあたる巡察師ヴァリニャーノは、閲読した内容に対して不満を抱いていた。そのため、ヴァリニャーノは、『日本史』の原稿をマカオからヨーロッパに送付することを許可しなかった。彼は、フロイスの記述がエピソードを中心とする冗長なものであると思ったようである。こうしてフロイスの『日本史』の原稿はマカオに留め置かれたままとなってしまった。その結果、当時は同書が印刷されることはなかったのである。

フロイスの『日本史』が日の目を見ることになったのは、ようやく二〇世紀になってからのことである。一九二六年、ドイツ出身のイエズス会の歴史編纂《へんさん》者ゲオルク・シュルハンマー神父（一八八二〜一九七一）とヨゼフ・ヴィッキ神父（一九〇四〜九三）がポルトガル語からドイツ語に翻訳して出版したが、それは一五七八年までの『日本史』の全三部のうちの第一部のみに過ぎなかった。

狩野内膳「南蛮屏風（右隻）」（神戸市立博物館所蔵。Photo：Kobe City Museum/DNPartcom）

学習院大学教授であった独文学者の柳谷《やなぎや》武夫《たけお》氏（一九〇四〜九〇）は、それをドイツ語から日本語に翻訳して出版している。ポルトガル語のテキストについては、京都外国語大学教授であった松田《まつだ》毅《き》一《いち》氏（一九二一〜九七）が、ポルトガルなどにおけるフロイス関係文書の調査を行なっている。これによって、「日本史」の写本などのフロイス関係文書はその所在がおおむね明らかになったといえよう。

松田氏は、同じく京都外国語大学教授を務めていた川崎《かわさき》桃太《ももた》氏（一九一五〜二〇一九）とともに、ポルトガルにおける調査結果を基にして、一九七七年から八〇年にかけてポルトガル語のテキストの全文を日本語に翻訳し出版している。実は、「日本史」のポルトガル語版の出版が完結したのは、日本語訳の完結よりもさらに遅いのである。一九七六年から八四年にかけて、ヨゼフ・ヴィッキ神父がポルトガル国立図書館からポルトガル語の校訂版を出版している。

狩野内膳「南蛮屏風（左隻）」（神戸市立博物館所蔵。Photo：Kobe City Museum/DNPartcom）

狩野内膳「南蛮屏風（右隻）」（神戸市立博物館所蔵。Photo：Kobe City Museum/DNPartcom）に描かれたキリシタン宣教師部分の拡大図

ところで、フロイスは、自らの「日本史」原稿のヨーロッパ送付が叶《かな》わずに、一五九五年(文禄《ぶんろく》四)に失意のうちにマカオから日本に戻っている。フロイスは、日本に戻ったあともわずかではあるが「日本史」を書き足したようである。その後は長崎に留《とど》まり、慶長《けいちょう》二年(一五九七)、同地において没している。

二　巡察師ヴァリニャーノと日本布教

信長に歓待されたヴァリニャーノ

天正七年七月二日（一五七九年七月二五日）、イタリア出身のイエズス会士アレッサンドロ・ヴァリニャーノ（一五三九～一六〇六）は、巡察師として肥前《ひぜん》国の口之津に到着した。当時、来日するイエズス会士たちは、マカオからおもに長崎に来航していた。マカオはイエズス会にとって日本布教の拠点であった。

この第一巡察でヴァリニャーノは、口之津から豊後府内（現在の大分市）を経て、天正九年二月一三日（一五八一年三月一七日）に海路で堺に到着している。堺からは、河内岡山《かわちおかやま》、高槻《たかつき》を経て、京都に向かっている。二月二五日（三月二九日）、京都の本能寺において、信長は、巡察師として来日したヴァリニャーノに謁見を許している。ヴァリニャーノは、ポルトガルの物産などの珍奇な品々を信長に贈呈したが、偶然に信長の気に入ったという理由から、ヴァリニャーノのアフリカ系の従者も進呈せざるを得なくなった。この従者についてはのちに言及するが、本能寺の変まで信長に家臣として仕えていたことがわかっている。

このとき、信長は、ヴァリニャーノと歓談したが、その際の通訳をフロイスが務めている。ヴァリニャーノは、その後も二度来日しており、日本滞在は合わせて一〇年近くにもなるが、この時点では彼は来日してまもなく、日本語はほとんど話すことができなかったはずである。フロイスは、永禄一二年（一五六九）以降、たびたび信長に拝謁しているので、本能寺の変の時点では信長とはすでに一〇年以上の長いつき合いであった。

翌三月、ヴァリニャーノは、安土に向かっている。六月および七月、ヴァリニャーノは、信長の招きによって安土に滞在することになった。このときも彼は信長から歓待されており、安土滞在は約一カ月にもおよぶものであった。

この頃、信長は、建造されてまもない安土城が描かれた屏風《びょうぶ》をヴァリニャーノに贈呈している。この安土城屏風は、信長が当時から絵師として名高かった狩野永徳《かのうえいとく》に描かせたものである。信長は、自らが建造した安土城をヴァリニャーノに誇示したかったのであろう。貴重な屏風を贈呈するとは、驚くほどの好意を示したことになる。

ヴァリニャーノは、この屏風をインド経由でローマにまで送付した。この屏風は、どういうわけかイエズス会ではなくローマ教皇庁にもたらされたと考えられている。しかし、現在その所在はわかっていない。これは、建造直後の安土城の様子を唯一正確に描いたものと考えられている。それゆえ、この屏風が見つかったならば、当時の安土城の様子が知られることとなり、ひいては信長の天下構想がある程度までわかることになるものと考えられている。

『ヴァリニャーノ家譜』（筆者所蔵）掲載のアレッサンドロ・ヴァリニャーノの肖像

破格の厚遇だった安土の教会建設

天正九年二月二八日（一五八一年四月一日）、信長は、京都御馬揃えを行なっている。御馬揃えとは、京都内裏東において開催した大規模な軍事パレードである。信長の家臣たちは、丹羽《にわ》長秀《ながひで》、柴田《しばた》勝家《かついえ》、明智《あけち》光秀《みつひで》ら重臣が総出で参加しており、ヴァリニャーノは、信長の招きを受けて御馬揃えを観覧している。信長は、ヴァリニャーノを意識して、彼に見せるために御馬揃えを開催したとさえいわれている。

天正九年七月一五日（一五八一年八月一四日）、信長は、安土において盂蘭盆会《うらぼんえ》を盛大に開催しているが、これには安土を離れるヴァリニャーノに対する送別の意味が込められていたともいわれている。ヴァリニャーノは、その後まもなく九州に帰還しているが、フロイスも同年一〇月頃には九州に戻っており、その後は「日本年報」の作成者として九州に留まっている。この翌年、信長は、本能寺の変に斃《たお》れることになるので、フロイスが信長に再会することはなかったのである。

天正四年(一五七六)、信長は、安土城の築城を丹羽長秀に命令しており、その三年後に安土城は完成した。安土城下にはイエズス会の教会が建設されていた。これより以前、天正八年閏《うるう》三月一六日(一五八〇年四月二九日)、信長は、イエズス会宣教師ニェッキ・ソルド・オルガンティーノに対して安土城の南側に教会建設のための土地を与えている。オルガンティーノは、安土の城下町が形成されていく過程で教会が建設されるのが望ましいと考え、信長に教会を建設するための土地を要請していたのである。信長は、意外にもオルガンティーノの要請を受諾し、安土城下の優良な土地を下賜した。しかも、信長は、教会建設のための資材までも下賜したうえで、教会建築にも力を貸しているのである。キリシタン教会に対して破格の厚遇を示したといえよう。

巡察師ヴァリニャーノは、第一次日本巡察時に教育機関の設立を命令している。天正九年にはその一環として安土にイエズス会の初等教育機関であるセミナリオ(小神学校)を設立することを命じている。オルガンティーノは、この命令を受けて、安土のセミナリオの建築を進めていくことになる。この建設も信長の全面的援助を受けたものだった。翌天正一〇年一月二八日（一五八二年二月二〇日）、ヴァリニャーノは、口之津を発ち、マカオに帰還している。

日本布教を立て直した巡察師ヴァリニャーノ

アレッサンドロ・ヴァリニャーノは、フランシスコ・ザビエル（一五〇六〜五二）以後のイエズス会の日本布教を立て直した人物として知られている。彼は、その抜群の統括・管理能力によって、日本教会にその名を遺した人物である。ポルトガル人やスペイン人が中心であった日本のイエズス会において、イタリア出身の彼は異色であったともいえる。彼は、その優れたバランス感覚によって、イエズス会においてポルトガル人とスペイン人の均衡を保つよう配慮していた。

一五三九年、アレッサンドロは、ナポリ王国キエティ市の名門貴族ヴァリニャーノ（ヴァリニャーニ）家に生まれた。ヴァリニャーノ家は当時の歴史編纂者によって家譜が出版されるほどであり、現在も続いている名家である。同家はふるくから多数の政治家や軍人を輩出しているが、アレッサンドロのように、イエズス会に限らず聖職者となった人物は珍しかった。

ヴァリニャーノは、パドヴァ大学で法律を学び、一五六六年にカトリック教会法の研究によって同大学より法学博士の称号を受けている。彼は、その直後にローマにおいてイエズス会に入会している。彼の故郷キエティは位置的にはアペニン山脈を越えてローマに出るよりも、アドリア海を海路北上してヴェネチアに出るほうが便利なところである。一般の大学で教育を受けたあと、二〇代後半でイエズス会に入会しているので、当時としては教会に入るのが決して早いほうではなかった。その後、彼は、コレジオ・ロマーノ(ローマ学院、イエズス会の大学)において哲学と神学を学び、一五七〇年、ローマにおいて司祭に叙階されている。

一五七三年、イエズス会総長エヴェラルド・メルクリアン(一五一四~八〇)は、ヴァリニャーノに盛式誓願(イエズス会員が行なう最終誓願)を認めて、彼を東インド巡察師に任命した。ヴァリニャーノが受けた東インド巡察師という役職は、当初はその権限が必ずしも明確ではなかったが、最終的には赴任地の東インドにおけるイエズス会総長の代理という大きな権限を持つに至っている。この場合の東インドとは、新大陸の西インドに対してポルトガル領インドのことを指している。

一五七四年三月、ヴァリニャーノは、東インド巡察師としてリスボンからインドに向けて出帆した。当時はリスボンがヨーロッパの最終寄港地であり、そこからアフリカ南端を経由してインドに向かったのである。同年九月、彼は、ゴアに到着した。ゴアは、ポルトガル領インドの首都であり、インド副王と呼ばれるポルトガルの官僚が統治していた。イエズス会にとってゴアはインド管区における中心都市であった。ヴァリニャーノは、インド管区において準管区

リスボンのサン・ロケ教会（イエズス会士たちはここから東方に出航した）

会議や協議会を開催したり、通信制度を整備したりするなどさまざまな制度改革を行なっている。その後、彼は、日本に向けて出帆し、一五七八年七月にマカオに到着し、翌年七月に日本に到着している。

ヴァリニャーノの日本滞在

ヴァリニャーノ自身は、日本語はできないと述べているが、長期間にわたって日本巡察を実施していくなかでおそらく日常会話程度の理解力は身に付けていたことであろう。この頃になると、ヨーロッパ人のイエズス会士には日本における長い滞在経験を持ち、日本人並みの日本語能力を身に付けている者もいた。フロイスにしても、ヨーロッパよりも日本の滞在が長いので、その一人であるといえる。それゆえ、ヴァリニャーノが自らの日本語の能力が彼らには及ばないと考えていたとしても不思議はない。

第一次巡察では、天正七年（一五七九）、ヴァリニャーノは、東インド巡察師として来日した。このとき、彼は、安土と京都で信長に謁見し、天正一〇年（一五八二）まで日本に滞在している。第二次巡察では、一五九〇年七月に第一次と同じく東インド巡察師の資格を持って来日したが、これ以前の天正一五年（一五八七）に豊臣秀吉による伴天連《バテレン》追放令が発布されていたので、表向きはインド副王の使節として来日していることにした。ヴァリニャーノは、キリシタン教会の聖職者ではなく、ポルトガルの代表者として来日したことになっていた。そのような方便が使われていることは秀吉側にも知られていたようである。

このとき、ヴァリニャーノにとっては、イエズス会として秀吉の伴天連追放令にどのように対処するべきかが主要な課題であった。このときの日本巡察は、ヴァリニャーノが企画した少年使節として知られる天正遣欧使節がヨーロッパから帰国する時期と重なっており、彼らは、ヨーロッパ式活版印刷機と印刷技術を日本にもたらしている。これによって、いわゆるキリシタン版が作成されることになる。天正二〇年（一五九二）にヴァリニャーノは巡察を終えて日本を離れ、マカオに帰還した。

第三次巡察では、慶長三年（一五九八）八月に来日したが、このときは東インド巡察師の資格を得ることができず、日本・中国巡察師の資格を得るに留まった。これは、彼が巡察師としての資格を行使できる範囲が東インド全域ではなく日本と中国のみに限定されてしまったことを意味する。彼が肩書きにこだわったのは、肩書きを気にする日本人に足元を見られたくないという思いからであった。彼は、マカオにおいてフランシスコ会からの非難に反駁《はんばく》するための「弁駁書」をおおむね脱稿したあと、日本の補佐司教に着任する予定であったルイス・デ・セルケイラ（一五五二～一六一四）とともに来日した。セルケイラは、来日後に補佐すべき司教ペドロ・マルティンス（一五四二～九八）が亡くなっていたことが判明したので、日本司教に着任している。

慶長八年（一六〇三）、ヴァリニャーノは、巡察を終えると日本を離れてマカオに帰還した。その後はマカオに留まり、日本・中国布教を主導していた。一六〇六年、彼は、マカオにおいて没した。

巡察師ヴァリニャーノなくして日本布教を語ることはできない。彼がイエズス会の代表として日本の為政者たちと接触し、イエズス会の日本における布教方針を定めていったのである。彼は、それほどの重要人物であった。

信長と親交があったもう一人の宣教師オルガンティーノ

フロイスのほかに信長と関係があったキリシタン宣教師としては、イエズス会のニェッキ・ソルド・オルガンティーノ（一五三三～一六〇九）がいる。彼は、一五三三年、イタリアのブレスキアのカスト・ディ・ヴァルサッピアに生まれている。一五五六年、イエズス会に入会し、その後、イエズス会のコレジオ・ロマーノ（ローマ学院）に学んでいる。一五六五年、ロレートの修道院長に就任し、イエズス会で順調にキャリアを重ねていたが、東方布教を志し、一五六七年にインドに向かうためにリスボンを出航した。

一五七〇年（元亀《げんき》元）、オルガンティーノは、天草《あまくさ》の志岐《しき》に到着し、同年中に京都に赴き、同地の布教に携わっている。その後は、信長の援助を受けながら京都および安土の教会建設に尽力している。オルガンティーノは、キリシタン大名として知られる高山右近《たかやまうこん》とその一族の司牧（信徒を導くこと）を担当しており、両者は親密な関係にあった。一五八七年（天正一五）、秀吉によって伴天連追放令が発布されると、翌年には表向きは従うために九州に移ったが、九〇年（同一八）に京都に戻って上（京都）教区の布教長を務めている。一五九七年（慶長二）に長崎に移動したが、翌年には五畿内に戻って潜伏している。オルガンティーノという名から「うるがん伴天連」と呼ばれていた。

オルガンティーノは、伴天連追放令の発布前後に大坂《おおさか》にいた細川《ほそかわ》ガラシャの改宗と司牧に対して主導的役割を果たしている。また、巡察師ヴァリニャーノとは同じイタリア出身ということもあり、オルガンティーノのほうが年長ながらもさまざまな見解を共有するなど、両者は終始良好な関係を維持していたようである。慶長五年（一六〇〇）のガラシャの没後もしばらく大坂に留まっていたが、慶長一〇年（〇五）に長崎に移り、同一四年（〇九）に同地において没している。

キリシタンの信仰を堅持したジュスト高山右近

オルガンティーノと親交のあったキリシタンに、高山右近（重友《しげとも》、一五五二〜一六一五）がいる。右近は、信長、秀吉、そして家康《いえやす》に仕えているが、キリシタンの信仰を堅持したことで知られている。

右近については、上智大学文学部史学科教授でイエズス会司祭でもある川村信三《かわむらしんぞう》神父が彼の伝記を出版している。川村神父によれば、高山家はもともと摂津《せっつ》国島下《しましも》郡高山村（現在の大阪府豊能《とよの》郡豊能町高山）の土豪であり、真宗《しんしゅう》（本願寺《ほんがんじ》派）を信仰していたということである（川村信三『キリシタン大名高山右近とその時代』教文館）。高槻は、高山家の所領となる以前は本願寺派の影響を強く受けた地域であったと見られている。

父友照《ともてる》は、はじめ松永久秀に仕えていたが、永禄六年（一五六三）、久秀がイエズス会のガスパール・ヴィレラを召喚してキリシタンの教えを論破せよという命令を出したので、久秀の家臣であった結城《ゆうき》忠正《ただまさ》がヴィレラを呼び寄せることになった。それを受けて、キリシタン教会ではこれが久秀の策略かもしれないと警戒しながらも、日本人修道士《イルマン》のロレンソを派遣している。このとき、友照は、ロレンソからキリシタンの教えを聴いており、深い感銘を受けている。

ここでイエズス会の品級について述べておきたい。パードレ（Padre）とは、司祭のことであり、神父とも訳される。ポルトガル語でもスペイン語でも同じ表記である。日本語の「伴天《バテ》連《レン》」は、パードレの音訳である。イルマン（Irmão）とは、ポルトガル語で修道士のことであり、スペイン語ではエルマーノ（Hermano）となる。

この場合はパードレの下の品級である。ちなみに、イルマンの下は「同宿《どうじゆく》」と呼ばれる。この呼称は仏教用語から取ったものである。なお、修道会に所属する者を修道士と呼ぶこともあるが、本書ではイルマンを修道士とする。日本布教はイエズス会が主導しており、本書が指すのはイエズス会の品級のことである。日本人の司祭が誕生したのは一七世紀になってからのことなので、この時点では日本人はイルマン止まりであった。

永禄七年（一五六四）、右近は、一三歳のときに両親とともにイエズス会から洗礼を受けており（前年ともいわれる）、洗礼名（霊名）としてジュスト（Justo）を受けている。これはポルトガル語で「正義」を意味する言葉である。ちなみに、ラテン語ではユスト（Iusto）となる。なお、父友照は洗礼名としてダリオを、母はマリアをそれぞれ受けている。このとき、結城忠正とその友人であった公家《くげ》の清原枝賢《きよはらのえだかた》も洗礼を受けている。

永禄八年（一五六五）、主君の松永久秀らが将軍足利義輝を暗殺したことによって、友照は久秀から離れて、和田惟政に従うようになっていく。しかし、池田《いけだ》知正《ともまさ》との戦いによって惟政が戦死すると、友照は、惟政の子の惟長《これなが》ではなく、惟政を討った知正の家臣であった荒木《あらき》村重《むらしげ》に仕えるようになる。

父友照が大身ではなかったこともあって、右近の前半生はそれほど明確になってはいない。右近が表舞台に登場してくるのは、荒木村重の謀反からである。右近は、キリシタンであるがゆえにイエズス会の史料にその名が見えるが、それとて村重の謀反が契機になっている。主君の村重が謀反をあきらめて逐電《ちくてん》したあとは、右近は、摂津国の領主として信長に仕えることになる。摂津国の国人に過ぎなかった者が、戦国大名になったのである。

Dominus Iustus Vcondono Iappon, proscriptus in odiũ fidei
laboribus et ãgustys nauigy cõsũtus moritur Manilæ 3 Februa.
1615

『日本の精華』（ポルトガル国立図書館所蔵）掲載の高山右近像

信長亡きあと、右近は天下人となった秀吉に仕えるが、天正一五年（一五八七）の伴天連追放令の直前に再び転機を迎えることになる。右近は、伴天連追放令の発布直前、秀吉からキリシタンの信仰を棄てるよう迫られたが、節を曲げることなく信仰を貫いている。それにより、右近は、秀吉の命令によって改易されたうえ、領地を取り上げられることになった。

右近は、信仰を貫き通した高潔な人格ゆえに、多くの者たちを感化したといわれている。細川忠興《ただおき》とは茶道を通しての友人であり、ともに茶人の千利休《せんのりきゅう》の弟子であった。

右近は、忠興にも教えを説いており、忠興は改宗することはなかったが、忠興から妻に伝わって彼女をキリスト教に導くきっかけとなったともいわれている。この忠興の妻こそ細川ガラシャ（一五六三～一六〇〇）であった。彼女は、関ヶ原《せきがはら》の戦いの直前に、石田三成《いしだみつなり》によって豊臣方の人質となることを拒否して大坂の細川邸において自害したことで知られている。

あとの話になるが、慶長一七年（一六一二）に江戸幕府は直轄領に禁教令を発布し、のちにそれを全国に徹底させている。慶長一九年一二月（一六一五年二月）、右近は、キリシタンの信仰を棄てなかったことを理由に、禁教令によってフィリピンに追放された。このとき、右近とともに棄教を拒否したキリシタンたちも追放されている。右近は、キリシタンの中心的存在であっただけに、マニラでは大歓迎されたようである。しかし、右近は、マニラ到着後に渡航による疲労が原因で病気になり、約一カ月あまりのちとなる翌二〇年（一六一五）の初めに同地において没している。

右近は、直接の死因は病死であるが、キリシタンの信仰ゆえに追放されて亡くなったことからカトリック教会では殉教者に数えられている。平成二八年（二〇一六）、ローマ教皇フランシスコは、右近を福者（カトリック教会が生前の聖徳に対して与える尊称）に認定している。

不明な点が多い光秀の出自

本書の主役でもある明智光秀について見ておきたい。光秀の出自については、実は正確なことはほとんどわかっていない。美濃《みの》国の豪族土岐《とき》氏の系譜にあるともいわれ、明智氏にはそのような血筋もあるが、光秀がそうであるという確たる証拠はない。父親の名前すら諸説あって正確なところはわからないが、低い身分の出身であったものと考えられている。

光秀の出自については、信憑《しんぴょう》性の高い史料に乏しい。『明智軍記』全一〇巻は、編者名すら伝わっていないものであるが、光秀に関する史料として知られている。同書は一七世紀末から一八世紀初めの成立と考えられるので、光秀の没後約一世紀後に作成されたことになる。江戸時代に作られた軍記物のひとつであり、史料価値が高いとはいえない。そうはいいながらも、光秀についてはまとまった史料があまりにも少ないので、同書が参照されることもある。

同書には、光秀の享年が五五とされている。これとほぼ同年齢を示す複数の史料があるので、おそらく享年は五五前後であると考えられている。『当代記』付記では最も年齢が高く、享年六七とされているが、これは信憑性の高い史料とはいえない。ところが、東京大学史料編纂所准教授の金子拓《かねこひらく》氏は、光秀が吉田兼見《よしだかねみ》（一五三五～一六一〇）の父兼右《かねみぎ》（一五一六～七三）と親交があり、光秀が永正《えいしょう》一三年（一五一六）の生まれとするならば、兼右と同い年であることを指摘している（金子拓『信長家臣明智光秀』平凡社新書）。すると、『当代記』付記が示す年齢の可能性もあながち捨てきれないことになる。ただし、東京大学名誉教授の勝俣鎮夫《かつまたしずお》氏が指摘するように、光秀の妹が信長の側室であり、光秀が妹を介して信長の家臣になったことを考慮するならば、仮に妹と年齢が離れているとしてもこの年齢は高すぎると考えられる。

光秀の家族について述べておきたい。妻は、妻木範熙《つまきのりひろ》の娘の熙子《ひろこ》である。娘は、少なくとも三人が確認されている。長女は、荒木村重の長男村次《むらつぐ》に嫁いだが、村重の謀反の際に離縁され、のちに光秀の家臣の明智秀満《ひでみつ》と再婚している。三女かその下は、細川藤孝《ふじたか》の息子忠興に嫁いでおり、のちにキリシタンとなり、細川ガラシャの名で知られることになった。その下は、織田信長の甥《おい》にあたる津田信澄《つだのぶずみ》に嫁いでいる。ほかにも娘がいたかもしれないが、はっきりとはわからない。

息子は、娘たちの下に少なくとも二人が確認されているが、後述のようにイエズス会の史料に二人とあるので、この二人のみであったと考えられる。長男は、十五郎または光慶《みつよし》の名で知られている。次男は乙寿丸《おとじゆまる》の名で呼ばれることがあるが、明確ではない。二人とも坂本《さかもと》城の落城時に秀満とともに自刃したものと考えられる。

光秀が信長に取り立てられる以前の前半生については不明な点が多く、はっきりしているのは彼が美濃国の低い身分から身を起こしたことくらいである。勝俣鎮夫氏は、「細川家記」によれば、信長との縁は、永禄一〇年（一五六七）に光秀の親類の者が信長の側室になり、それまで将軍義昭《よしあき》に仕えていた光秀が彼女の紹介によって信長に仕えることになったということ、また「多聞院日記《たもんいんにっき》」によれば、その側室が光秀の妹であったということを指摘している（勝俣鎮夫『中世社会の基層をさぐる』山川出版社）。最近、「米田文書《こめだもんじょ》」にある「針薬方《はりくすりかた》」に彼の名があることから、彼が若い頃に医学を修めていたことがわかってきている。「針薬方」は、永禄九年一〇月二〇日（一五六六年一二月一日）に写本が作成されたとされている。

「明智光秀肖像画」（岸和田市本徳寺　所蔵）

光秀は、第一五代将軍足利義昭に仕えていたことがわかっている。細川藤孝も、同じく義昭に仕えているが、光秀と藤孝は盟友に近い関係であったものと考えられている。その後、光秀は、将軍義昭のもとを離れて信長に仕えるようになり、急速に頭角を現し、重用されている。主君信長の仲介によって、光秀の娘玉《たま》（珠）が藤孝の嫡子忠興に嫁いでいるので、両者は姻戚《いんせき》関係にあったことになる。

元亀二年（一五七一）、光秀は、比叡山延暦寺《ひえいざんえんりやくじ》の焼き討ちを指揮しており、信長の手足となって働いていたことがわかる。光秀は、琵琶《びわ》湖西岸に坂本城を建設し、そこを居城としたが、坂本は安土から京都に至る要衝であり、京都に睨《にら》みを利かせることのできる前線ともいえる位置にある。それだけで、信長の光秀に対する重用ぶりがわかるであろう。光秀がどのような性格であったのかわからない点が多いが、信長の意思を着実に実行に移す忠実な家臣であったことはたしかである。光秀については、比叡山の焼き討ちに見られるように、神仏を恐れず、戦場にあっては勇猛果敢であるところなどは実は信長とよく似ているともいわれている。

光秀と右近は、ともに信長の家臣ではあるが、摂津国の国人に過ぎなかった右近と比較するならば、同時代には光秀のほうがはるかに格上である。両者は、信長の家臣というだけで相互に密接な関係はない。しかし、キリシタン教会、とりわけオルガンティーノは光秀と接点を持つことになっていく。それは、荒木村重の謀反において明確になる。右近もまた、村重の謀反を契機として信長直属の戦国大名に昇格している。村重の謀反が状況を一変させたのである。

三　荒木村重の謀反

本能寺の変以前の謀反

時間的には前に戻ることになるが、ここで荒木村重の謀反について見ていきたい。信長に対する謀反は、もちろん本能寺の変が最初ではない。元亀元年（一五七〇）に妹の夫である北近江の浅井《あざい》長政《ながまさ》から裏切られたことも謀反のひとつに数えることができるかもしれない。

信長は身内から裏切られることが少なくなかったといわれるが、自分の側近からの謀反も何度か計画されている。なかでも、天正五年（一五七七）の松永久秀の謀反と翌天正六年の荒木村重の謀反がよく知られているが、いずれも失敗に終わっている。

天正六年（一五七八）、摂津国の荒木村重が信長に反旗を翻そうとした。有岡城に籠城の末、村重本人は隙をついて逃亡したが、取り残された村重の一族は、信長によって女性や子どもに至るまで処刑される憂き目に遭ってしまった。

キリシタン教会は、天正六年一〇月に始まる荒木村重の謀反の際に仲介役として関与しており、本能寺の変とは共通点が認められる。そこで、本節では、村重の謀反におけるキリシタン教会の役割について見ていく。

本能寺の変は、信長を殺害できたという点で成功した謀反であるが、村重の変は完全に失敗した謀反である。それでも、教会を含む周囲の者たちの対応に類似点が見られるように、両者は二重写しになっているとさえいえる。

なぜ村重が大きな危険を冒してまで謀反を起こそうとしたのか。天理大学文学部准教授の天野忠幸氏は、毛利攻めの司令官の座を秀吉に奪われて面目を潰されたこと、その秀吉さえ成果を上げていないのに重用されている信長の人事登用に不満を抱いていたことによると指摘している（天野忠幸『荒木村重』戎光祥出版）。ここでは村重が謀反を起こした理由を検討するのではなく、村重の謀反の際、信長の家臣など周囲の者たちがどのように動いたのか、今一度確認しておきたいと思う。それによって、本能寺の変の時点での各人の身の振り方の理由がある程度わかるであろう。本能寺の変は、周囲の者たちの動きを見ると、村重の謀反の繰り返しになっている側面があると考えられるのである。

本能寺の変と二重写し――荒木村重の謀反

天正六年（一五七八）一〇月、信長の家臣であった荒木村重は、突如信長に対して謀反を起こそうとした。

村重は、天文《てんぶん》四年（一五三五）に摂津国の土豪の家に生まれ、摂津国を支配していた池田勝《かつ》正《まさ》に仕えていた。勝正が出奔したあとには池田家で頭角を現し、和田惟政を討つまでになっている。池田家は、もとは第一五代将軍足利義昭を奉じていたが、義昭と信長が対立すると信長側につき、その後は細川藤孝に仕えたうえで、信長に仕えている。義昭が追放されたあと、村重は、信長から摂津国の支配を任されている。こうして村重は、信長の家臣として頭角を現していくのである。

村重に謀反の疑いがあることを聞いた信長は、すぐにはそのことが信じられなかったのか、家臣の松井友閑《ゆうかん》、明智光秀、万見《まんみ》重元《しげもと》を派遣して、まず村重の意思を確認しようとしている。村重は、事実無根と回答したが、安土への出仕は拒んだ。信長は、村重に謀反の意思があることを確認したあとも彼に翻意を促している。信長の命令で家臣たちが村重に翻意するよう説得に当たっているのである。当初、信長は、村重に対して寛容とも思える姿勢を示していた。その際、光秀も、信長の命令を受けて直接村重の説得に当たっている。

高山右近の父の友照は、もとは荒木村重の家臣であった。高山家は摂津国の国人であり、摂津衆と呼ばれる存在であった。村重が信長に謀反を企てた際、友照は、自分の直接の主人である村重側についた。つまり、友照は、謀反を起こした側の一味になったのである。これには、右近の妹と息子、つまり友照にとっては娘と孫を村重に人質として出すこととなってしまったという事情がある。

信長は、オルガンティーノに対しても村重の家臣であった高山右近を説得するよう命令しており、説得ができればキリシタンの布教を許可するが、もし聞き入れなければキリシタンを弾圧すると脅迫した。

信長がオルガンティーノに右近を説得するよう脅迫したことも影響しているとはいえ、イエズス会は、日本人キリシタンに対して主人の信長に与《くみ》することを是としてこれを促したのである。イエズス会は、布教地である日本社会が政治的に安定することを重視していた。そのため、日本人キリシタンが異教徒である主人に臣従することを是としていたのである。イエズス会は、日本の封建的主従関係を否定していたわけではなく、むしろ尊重すべきものと見なしていた。この原則は、ヴァリニャーノと日本準管区長ペドロ・ゴメスによって確立されたものであり、天正一五年（一五八七）に秀吉による伴天連追放令が発布され、慶長元年一二月一九日（一五九七年二月五日）に長崎の二十六聖人の殉教が起きたあとも変わることがなかったのである。

信長の脅迫

謀反を起こした村重に翻意するよう説得に当たったのは、光秀や滝川一益《たきがわかずます》であった。光秀の娘が村重の息子に嫁いでいたので、光秀と村重は親戚関係にあった。光秀本人が村重を説得するが、受け入れられることはなかった。それどころか、村重は、謀反を起こした直後に光秀の娘を離縁させて、光秀のもとに送り返している。

村重の謀反の際、信長は、家臣たちに村重を説得させることを試みる一方で、キリシタン教会を動かして右近を説得させることで、問題の解決を図ろうとしている。

太田牛一《おおたぎゅういち》の「信長公記」には、高槻城主の高山右近は「だいうす門徒」すなわちキリシタンなので、信長は文書を発給して「伴天連」を呼び出して、右近に忠節を尽くすよう説得することを申しつけたことが記されている。伴天連とは、先述の通り、司祭を意味するポルトガル語のパードレ(Padre)が転訛《てんか》したものであり、本来は普通名詞であるが、この場合の伴天連とはオルガンティーノを指している。信長は、オルガンティーノに対して、右近が自分に与するよう説得すれば、「伴天連門家」つまりイエズス会の修道院をどこに造ろうが構わないが、この命令を受諾しなければキリシタンを「断絶」させると迫っている。「断絶」とは、禁教によってキリシタンを根絶やしにするという意味であろう。「信長公記」によれば、オルガンティーノが信長の命令を受諾したので、家臣の佐久間右衛門《さくまうえもん》、羽柴筑前《はしばちくぜん》、宮内卿法印《くないきょうほういん》、大津伝十郎《おおつでんじゅうろう》を同伴させて、高槻に派遣して右近を説得させたことになっている。

右近の苦慮とオルガンティーノの対応

右近は、村重が信長と戦ったとしても勝つことはできず、その結果、信長から過酷な処罰が下されるに違いないといって村重を諫《いさ》めた。それでも右近は、村重の心変わりを期待して、高槻に家臣を派遣して人質とするべく自らの嫡子を呼び寄せることにした。

キリシタン教会では、右近と高槻にいるキリシタンの破滅を危惧《きぐ》していた。その矢先、信長からオルガンティーノに右近を説得するよう使者の大津伝十郎が派遣された。オルガンティーノは、信長とは敵対しないよう右近に忠告したが、右近は、妹と息子が人質になっていることを理由にそれを拒んでいる。

そこで、信長は、オルガンティーノと右近の父友照を村重のもとに派遣して、右近の説得に当たらせることにした。信長は、右近を説得させるためにオルガンティーノを派遣したにもかかわらず事態がまったく動かないことに苛立《いらだ》ち、一部のイエズス会士を拘束している。

このとき、信長の家臣佐久間信盛《のぶもり》は、信長の命令によって、自らに与することと引き換えに右近に摂津国の半分を与えることと、キリシタンを保護することを約束した信長の文書をオルガンティーノに対して用意している。信長は、五、六名のキリシタンの家臣たちに右近を説得することができたならば、俸禄《ほうろく》を加増する旨を告げた。オルガンティーノは、それを止めようとしたが、信長は、彼のいうことを聞き入れなかった。そこで、オルガンティーノは、それでは利益に誘導されて動いたことになると考え、俸禄を求めるものはキリシタンとは見なさないと言明したので、この話は立ち消えになっている。

信長の家臣であるキリシタンにとっては、オルガンティーノを始めとする教会の後ろ盾は、実益を伴うものであったと考えられる。キリシタンであることが足枷《あしかせ》になることよりも、オルガンティーノという信長の信頼を得ている有能な人物が後ろ盾になることは、彼らにとって大きな利益であったといえるのではないか。

こうした状況のもと、右近は、信長と村重の板挟みになってしまった事態を打開するために突如剃髪《ていはつ》してしまった。この時点では、右近は、まだ二〇歳代であったはずなので、出家するにはあまりにも若かったといえよう。キリシタンが剃髪するというのも変な話であるが、これは周囲の者たちも驚いたくらいであるから、意外な決断であったようである。右近が誰かに相談したうえで決めたわけではなく、彼の独断で行なったことと見られる。

剃髪は、右近がこの事態に中立または無関係な存在となることを意味している。世俗を捨てたことが村重のもとで人質となっている自分の妹と息子を解放させる契機となることを期待したのである。苦慮の末のことであったが、この決断は、右近本人が期待した以上に事態を好転させることになった。村重のもとから右近の妹と息子が解放されたのである。

天正七年(一五七九)九月、村重の居城であった有岡《ありおか》城の包囲が続く中、村重は、有岡城から数名の家臣を連れて尼崎城へ移った。唐突に城から遁走《とんそう》したともいわれる。天野忠幸氏は、村重が逃げたのではなく、戦略上の問題であると指摘している(天野忠幸『荒木村重』戎光祥出版)。村重がいなくなった有岡城は家臣たちでは維持できなくなり、陥落してしまう。その結果、信長は、右近に対してはお咎《とが》めなしとした。父友照も、有岡を離れたが、すぐに信長に従わなかったということで、のちに信長によって追放されている。しかし、その反面、信長が荒木一族に下した処罰は、過酷をきわめるものであった。村重の一族郎党は、処刑されたのである。

イエズス会は、日本の社会制度をどう考えていたか

右近は、キリシタンとして信長にも知られていた。信長は、自分の家臣がキリシタンになることをさして気にかけなかったようである。それどころか、信長は、キリシタンの人脈を必要に応じて有効に活用しようとしている。オルガンティーノは、村重の謀反の際、信長の命令を受けて右近に対して村重に与しないよう忠告したのと同様に、本能寺の変の際も、右近に対して光秀に与しないよう忠告している。

村重の謀反と本能寺の変を比較するならば、決定的な相違は謀反が成功したか否かということであろう。しかし、それとは別に、オルガンティーノの行動を理解するためには、日本社会、とりわけ封建的身分秩序に対してイエズス会が保持していた基本方針ともいえる見解を理解する必要がある。イエズス会は、日本の封建的身分秩序を基本的に維持するべきだと考えていた。つまり、イエズス会は、戦国時代の日本に頻発している下剋上《げこくじょう》を望ましいこととは考えていなかったのである。

キリシタン教会、とりわけオルガンティーノは、右近を困難な状況からたびたび救い出している。その意味では、右近は、教会から多大な実利を得ていたことになる。村重の謀反の際、オルガンティーノと行動は別であったが、光秀も、村重の説得を試みている。そもそも、光秀は、イエズス会のオルガンティーノとは面識があった。このときのことを考慮するならば、光秀は、信長の殺害後に右近とキリシタン教会が自分には与しないことをわかっていたのではないだろうか。

四　信長の対応とキリシタン教会の中立原則

村重の謀反の結末

村重の信長に対する謀反は、当初より、たとえ未遂に終わったとしても厳罰に処せられると見られていた。村重は、信長に謀反を企てたが、失敗したと悟ると自ら逃亡した。彼は、一族郎党を見棄て、単身で逃亡したのである。その結果、天正七年（一五七九）末、信長は、村重の謀反に関与した者を女性や子どもまでも処刑した。村重は、一族の命運よりも自らの立場と生命《いのち》を重視したことになる。

右近の父友照は、村重の家臣であったので自らの意思で村重に従ったわけではないと見なされたのであろうか。有岡城が落ちた時点では信長からのお咎めはなかったが、その後は越前《えちぜん》国に流されている。村重の一族に比べれば、友照の処遇は破格といえるほど軽い罰であったといえよう。

右近は、村重が逐電したことによって摂津国の村重の領地を受領することとなった。それまでは摂津国の国人に過ぎなかったのが、村重の謀反によって信長直下の領主に昇格した。村重の謀反は、右近にとっては直上の主君がいなくなる結果となり、世に出るきっかけになったのである。

光秀は、村重の謀反の例から、信長に対する謀反が失敗に終わった場合のことを認識していたはずである。それだけに失敗は許されない。何よりも、かつて光秀自身が村重を説得する立場にあったのである。光秀は、事態を間近に見たはずである。

オルガンティーノも、右近の説得に携わっていたので、イエズス会でも事態を正確に把握していたと考えられる。イエズス会の「日本年報」には村重の謀反を報告しているものがあるが、フロイスも、「日本史」において村重の謀反の顚末《てんまつ》を詳細に述べている。フロイスは、オルガンティーノなどとは異なり、この事件の完全な当事者というわけではないが、キリシタン教会の人間としてある程度は事情を理解していたと考えられる。

ところで、村重は、信長亡きあとは堺に居住している。その後秀吉から許され、彼は、茶人として道薫《どうくん》を名乗った。天正一四年（一五八六）、堺において没している。

「日本史」の記事の基になった史料

太田牛一の「信長公記」を始めとする現存する史料には、村重の謀反の記述が見られる。しかし、キリシタン教会との関係を含めて村重の謀反の経緯について詳述しているのは、フロイスの「日本史」である。

村重が謀反を起こしたとされる頃、フロイスは、臼杵《うすき》を中心に九州各地にいたので、近畿地方のことは直接には関知しなかったはずである。イエズス会のフランシスコ・カリオンは、本能寺の変を京都の教会にいて間近で見ることになったが、村重の謀反のときはフロイスと同様に九州にいたので京都のことは直接には関知していない。しかも、カリオンは、この時点では、畿内布教の経験がなく京都の状況を理解していない。

もちろん、フロイスが「日本史」を執筆する際の材料となったものは存在したであろうが、それはオルガンティーノや彼の周辺の者が執筆した報告であったと推測されるに過ぎない。

しかし、フロイスの記述は、実は彼自身が作成したものばかりとは限らない。九州にいた彼のもとに各地から送られてくる書翰や報告書を彼が編集しただけのものもある。「日本年報」の作成者は、地域ごとの情報を取りまとめるので、部分的には他人の報告を抜粋して筆写しただけ、またはスペイン語の報告であればポルトガル語に翻訳しただけということもあり得る。

村重の謀反は、一五七九年にヴァリニャーノの指示によって「日本年報」の制度が確立する以前のことであったので、当然のことながら「日本年報」には記載されていない。村重の謀反に関しては、イエズス会の史料では断片的情報ならばともかくまとまった情報となると、「日本年報」ではなく「日本史」に依拠せざるを得ないのはこのためである。フロイスは、「日本史」において村重の謀反の経緯を詳述しているが、本能寺の変とは異なり、残念ながらその基となったイエズス会の同時代史料はそれほど確認できないのである。

三ケに対する謀反の嫌疑

フロイスの「日本史」には、村重の謀反のあと、ある人物に謀反の嫌疑がかけられた事例が紹介されている。

信長の家臣の三ケ《さんか》（三箇）頼照《よりてる》と息子の頼連《よりつら》は、ともにキリシタンであった。あるとき、彼らが毛利《もうり》氏と内通していると讒言《ざんげん》する者があった。信長は、それを聞くと家臣の佐久間信盛に彼らを処刑するよう命令した。なお、信盛は、キリシタンではない。信盛は、それまでのつき合いから三ケ父子の無実を確信していたので、彼らに同情し、自らが信長の逆鱗《げきりん》に触れることを覚悟のうえで、信長の面前に彼らを連れていくことにしている。

信長は、信盛が彼らを面前に連れてくると、自分の命令に従わなかったことに不快感を示したが、三ケ父子の説明を聞くことにしている。三ケ父子は、自分たちが処刑されることを覚悟していたので、助かるつもりではなく信長に事情を説明したところ、信長は、その説明に納得し、処刑の命令を自ら撤回している。

信長は、彼らが無実であることを確信したならば、自らの考えを改める柔軟さを備えていたようである。これもまた、信長らしいというべきであろうか。ただし、のちに頼照は、明確な理由はわからないが、信長の命令によって信盛の領地に追放されている。

実際に信長に対してはたびたび謀反が計画されている。信長は、自分の家臣が謀反を起こすかもしれないと、つねに警戒していたはずである。しかし、それでも光秀の謀反を未然に防ぐことはできなかったことになる。

キリシタン教会の戦争に対する原則

キリシタンの教えは、日本の封建的支配秩序を乱すものなので、迫害の対象となったと考えられることがある。しかし、キリシタン教会は、日本社会における封建的主従関係を尊重し、日本の封建的社会秩序の維持による安定を志向していた。この原則は、こののちのキリシタンの迫害時においても基本的に変わっていない。

日本準管区長ペドロ・ゴメス（一五三五～一六〇〇）は、日本コレジオ（神学大学）の「講義要綱」の第三部「神学論」において、日本人キリシタンが日本における主従関係を毀損《きそん》することのないように配慮している。たとえば、もし、日本人キリシタンが異教徒の主君の寺社参拝に随伴できないというのでは、それだけでその人物は不利な状況に追い込まれてしまう。そうしたことがないように、ゴメスは、日本における主従関係を尊重しながら日本人キリシタンがいかに対処すべきかを論じているのである。イエズス会にとっては、日本における封建的主従関係は維持すべきものであったのである。

布教地における戦争に対しては、キリシタン教会は不介入または中立の維持を原則としている。これは戦争の際に教会が当事者の一方に肩入れしてはならないというものである。ヴァリニャーノの第一次日本巡察の報告書「日本の諸事要録《スマリオ》」には、日本の戦争に対する彼の見解が記述されている。

もし、キリシタン教会が日本の戦争に関与してしまうと、教会自体が標的にされることが考えられる。もし、キリシタン大名が戦争の当事者となるようなことがあれば、それを理由に教会が当事者の一方に加担せざるを得ないことになりかねない。そうすると、他方の当事者にとっては、教会が攻撃すべき対象になる。

教会が日本の戦争に介入することには多大な危険が伴うのである。教会は、日本の戦争に極力関係しないように努めているが、時には巻き込まれてしまうことがある。それならば、キリシタン大名同士が戦うことになったならば、教会は一体どう対処すべきなのか。このように、日本の戦争に一度関与してしまうと問題が尽きないことになってしまうのである。

しかし、キリシタン教会の戦争に対する不介入または中立維持の原則は、必ずしも遵守されたとはいえないところがある。教会は、実際にキリシタン大名に対して武器弾薬の供与を行なっているのである。キリシタン大名の大村純忠《おおむらすみただ》は、イエズス会に武器弾薬の供給を要請しており、イエズス会ではある程度まで純忠の要請に応《こた》えたようである。天正八年（一五八〇）に純忠が長崎をイエズス会に寄進したことにしても、イエズス会にとっては利点が少なく、むしろ純忠が寄進によってポルトガルに長崎を軍事的に保護してもらうことを考えたからである。

オルガンティーノは、荒木村重の謀反の際に信長に恭順するよう高山右近の説得に当たっているが、これも厳密にいうならば、ヴァリニャーノのいう戦争不介入の原則に抵触している可能性が高いであろう。オルガンティーノは、戦争不介入の原則を破る可能性があることを承知していたはずであるが、それでも回避しきれなかったのであろう。彼は、信長政権と深く関わっているだけでなく、後述のように明智家とも関係があったのである。

第二章　報告書「信長の死について」の成立

一　キリシタン史料の性質

重要史料の宝庫・イエズス会史料

本能寺《ほんのうじ》の変の史料としては、ルイス・フロイスが一五八二年一一月五日付、口之津《くちのつ》で執筆した「一五八二年の日本年報補遺」が知られている。本章では、この史料の成立と構成について考察していきたい。本章は、このあとに続く考察の基礎となる史料論であるとお考えいただきたい。

本能寺の変に関する日本の史料は、その後の日本の政権を意識したものとなっており、いわば勝者の立場から書かれたものである。しかし、キリシタン史料は、外国人宣教師がヨーロッパの言語で執筆し、ヨーロッパに送付したものなので、日本の政権からどう見られるかを意識したものではない。つまり、キリシタン史料は、日本の政治状況から影響を受けることなく執筆されたものなのである。

余談であるが、当時のキリシタン宣教師たちは、書翰《しょかん》や報告書を執筆する際、文房具は布教地の材料を用いている。日本から送るものについては、和紙に墨を用いて書いている。彼らは、おおむねA三判の紙を半分に折ってA四判として、細かい文字で執筆していくのである。欄外には空白を設けることが一般的であるが、これはローマでイエズス会総長の秘書が内容を要約して書き込むことができるようにするためである。

ペンは、当時ヨーロッパで一般的であった羽根ペンを使用していた。ヨーロッパのインクには鉄分が含まれることがあり、時間の経過とともに文字が酸化して赤く変色してしまうことがあるが、墨の場合は黒いままでほとんど変色することがない。紙は上質の雁皮紙《がんぴし》がおもに使われており、ほかの布教地と比較するならば、保存状態はおおむね良好であるといえよう。現在に至るまでイエズス会では、こうした史料を財産として大切に保存しており、その時代の最先端を行く修繕方法を採用している。そうした努力があって、今日、我々はイエズス会の史料を見ることができるのである。

まず、イエズス会史料の概略について見ておきたい。

キリシタン史料は、海外史料と国内史料に大別される。このうち、海外史料はカトリック教会史料と世俗の史料に分類できる。

世界的に布教活動を展開したイエズス会の史料は、カトリック教会史料の中でも修道会史料に相当することになる。もちろん、大航海時代におけるイエズス会の活動は、イベリア両国の海外進出事業を背景としているので、修道会史料であっても世俗の史料と無関係ではあり得ない。イベリア両国の植民地政庁史料には、イエズス会士を始めとする修道士が執筆した史料が散見されるが、ここでは教会史料と世俗の史料をいったん切り離して考えることにする。

現在、キリシタン史料は南欧各地の図書館や文書館に散在しているが、重要な史料はおおむね各修道会の本部にある文書館に所蔵されている。

キリシタン時代の日本において布教活動を行なったのは、イエズス会、フランシスコ会、ドミニコ会、アウグスティノ会の四修道会である。このうち、日本布教を推進するのに中心的役割を果たしたのはイエズス会であるから、主要な史料はイエズス会が所蔵していることになる。実際、イエズス会の史料は、質量ともにスペイン系托鉢《たくはつ》修道会のものを凌《しの》いでいるといえよう。一九七〇年代にローマ・イエズス会文書館が一般の研究者に対して、その膨大な所蔵史料の公開を開始したことは、キリシタン史の研究に飛躍的発展をもたらす契機となった。

イエズス会日本関係文書について、慶應義塾大学名誉教授でキリシタン史研究の第一人者として知られる高瀬《たかせ》弘一郎《こういちろう》氏は、イエズス会員の書翰、報告書、年報、会議記録、規則、カタログ、会計帳簿に分類している（高瀬弘一郎「キリシタン関係文書」）。この分類は、いずれの布教地の史料についても当てはめることが可能であろう。ただし、分類項目によっては相互の境界

ローマ・イエズス会本部（内部に文書館が設置されている）

が曖昧《あいまい》なものもあり、必ずしもすべてが明確に分類できるわけではない。また、会計帳簿のように実際はほとんど現存していないものもある。

このうち、イエズス会史料の基本となるのは会員の書翰である。書翰にはまったくの個人的なものもあるが、通常、書翰と報告書の区分は必ずしも明確ではない。

イエズス会年報は、布教地の情報をまとめて年次報告書としてローマの本部に送付したものである。「日本年報」は、日本準管区（のちに管区に昇格）と呼ばれるイエズス会の布教区ごとに作成される年次報告書である。イエズス会の布教区分では、日本は当初インド管区に含まれていたが、一五八一年に準管区に昇格している。

天正《てんしょう》七年（一五七九）、ヴァリニャーノは、毎年一冊の「日本年報」を作成することを指示している。また、日本国内を豊後府内、下《しも》（豊後府内を除く九州全域）、上（京都を中心とする上記以外の全地域）の三布教区に分けた。彼の指示によって、「日本年報」の制度が確立したのである。こうして当該年の年末または翌年初めに「日本年報」が作成されることとなった。ただし、「日本年報」に収まり切らないことや特筆すべき重大事件が発生した場合は、「日本年報補遺」が作成されることになる。「日本年報追加」または「日本年報追伸」と呼ばれることもある。本能寺の変は、特別に報告すべき重大事であったので、「日本年報補遺」が作成されたのである。

本能寺の変前後のことは一五八二年一〇月三一日付、口之津発の書翰、および一五八二年一一月五日付、口之津発の書翰から知られる。『日本と中国のイエズス会のパードレたちとイルマンたちがインドとヨーロッパの同会の者たちに一五四九年から一五八〇年までの間に認めた書翰集』全二冊（エヴォラ、一五九八年）においては、前者は「一五八二年の日本年報」、後者は「一五八二年の日本年報補遺」とされている。同書の第二巻には一五八〇年代の日本年報が収録されている。同書は正式名称が長いので、以下、エヴォラ版『日本書翰集』と呼ぶ。「一五八二年の日本年報補遺」は、エヴォラ版『日本書翰集』第二巻に収録されており、すでに村《む》上直次郎《かみなおじろう》氏（一八六八～一九六六）や松田毅一《まつだきいち》氏らによって日本語に翻訳されている。それゆえ、この史料の概要は広く知られているといってよい。「日本年報」は各地から送られる「摘《ポン》要《トス》」と呼ばれる個別報告書を基にして、年報作成者によっておもに長崎において作成されるのであるが、編集が間に合わない場合などには「摘要」がそのまま「日本年報補遺」として扱われることがある。フロイスの報告は、送付した時点では「日本年報補遺」としては扱われなかったが、エヴォラ版『日本書翰集』の印刷時には「一五八二年の日本年報補遺」として扱われたので、この事例に該当するといえよう。

イエズス会の文書は、各布教地からローマにあるイエズス会本部に送付されることになるが、その中継地点で筆写し、保管し、その土地にいるイエズス会士の教化と啓蒙《けいもう》に利用すべきことが「イエズス会会憲」では定められている。

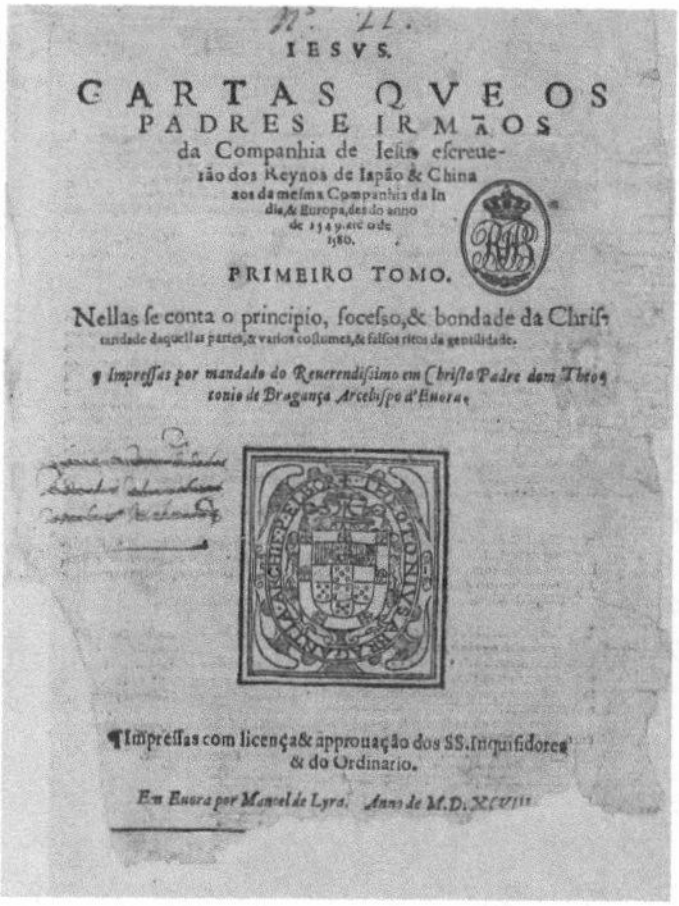
IESVS.
CARTAS QVE OS PADRES E IRMÃOS da Companhia de Iesus escreuerão dos Reynos de Iapão & China aos da mesma Companhia da India, & Europa, des do anno de 1549. atè o de 1580.
PRIMEIRO TOMO.
Nellas se conta o principio, socesso, & bondade da Christandade daquellas partes, & varios costumes, & falsos ritos da gentilidade.
Impressas por mandado do Reuerendissimo em Christo Padre dom Theotonio de Bragança Arcebispo d'Euora.
Impressas com licença & approuação dos SS. Inquisidores & do Ordinario.
Em Euora por Manoel de Lyra. Anno de M.D.XCVIII.

エヴォラ版『日本書翰集』（ポルトガル国立図書館所蔵）

イエズス会文書の送付と保管のルール

「イエズス会会憲」とは、初代総長イグナシオ・デ・ロヨラが作成した同会の基本原則を定めたものである。入会に関す

マカオ聖パウロ教会（焼失により前面のみが残る）

ることなどが規定されており、イエズス会の総長職が終身であることも規定されている。そこには、書翰や報告書の執筆と送付について、送付する前に写しを作成して布教地に置くべきことなどが規定されている。

書翰や報告書は、日本からローマのイエズス会本部へ送付する場合、通常「長崎→マカオ→ゴア→リスボン→ローマ」という経由で送付されることになる。途中の海難による文書の喪失を防止するために、通常でも三便、最多では五便くらいまでが作成され、船を変えたり便を変えたりして送付されることになる。マカオやゴアなどの中継地点においても、そこで保存するために写本が作成されている。現在でも、こうした事情から同一の書翰や報告書に対して数種類の写本を見ることができるのである。

こうした写本の中で特に有名なものとしては、一

アジュダ図書館（向かって右側）

八世紀中葉にマカオで作成され、現在はリスボンのアジュダ図書館が所蔵する写本集「アジアのイエズス会士」を挙げることができる。これは、ポルトガル王立歴史学士院の指示によって、マカオのコレジオに保管されていた文書を、イエズス会のジョゼ・モンターニャとジョアン・アルヴァレスらが若手の筆耕（筆写する者）たちを指揮して組織的に筆写したものである。これらの写本は、インドを経由して当初の送付先であったポルトガル王立歴史学士院ではなくリスボンのイエズス会日本管区代理部に送られており、それが現在の「アジアのイエズス会士」の中核をなしている。

現在、この文書群を所蔵するアジュダ図書館とは、正式にはアジュダ公共図書館と呼ばれるアジュダ宮殿の附属図書館である。なぜ「公共」なのかといえば、王宮附属図書館であったが、一般にも開放していたからである。一八八〇年にアジュダ王宮内に王立図書館が設置されると、一九一〇年にアジュダ公共図書館として一般の研究者にも公開されたのである。

フロイスの「日本史」の主要部分は、写本集「アジアのイエズス会士」の中に見ることができる。その他の写本は、ポルトガル国立図書館とポルトガル海外領土史文書館に所蔵されている。「日本史」の原本のほうはといえば、その後もマカオに遺《のこ》っていたはずであるが、一八三五年にイエズス会の聖パウロ教会が火災に遭い、すべて焼失してしまったと考えられている。

二　「日本年報」とその「補遺」

イエズス会の史料は編纂者によって改変されることもある

イエズス会の史料には、公開性の低い内部史料と公開可能な史料がある。これらは、そもそも執筆の段階から明確に区分されていた。

公開性という点についていえば、執筆後に公開することを前提とするものがある。通常、公開とは外部に見せることであるが、その確実かつ一般的な方法は印刷することである。イエズス会員の書翰や報告書のうち布教の成果を示すと見なされるものは、教化と啓蒙に役立てることを意図しておもにヨーロッパにおいて印刷されることがある。イエズス会の年報はその典型であり、ローマなどで印刷されることを作成時から前提としている。

しかしながら、その一方で、イエズス会の内部の問題を取り上げたものは、印刷するのはもちろんのこと、イエズス会の内部でさえ閲覧が制限されていた。総長宛書翰の場合には「親展」扱いとすることもあった。ほかのイエズス会士を非難したものなどは、当然のことながら他人に見せるべき性質のものではない。

それでは、ひとつの史料で、外部に公開できる記事と公開できない記事が混在している場合はどうなのか。この場合、公開できない記事を含むものはすべて公開しないというのがひとつの方法である。しかし、教化書翰として公開できる部分は公開することになるが、公開できない部分は削除するという方法もあり得る。

こうして、編纂者によって史料がいわば改変されることになるのである。イエズス会にとって不都合なことは公開しないとしても、編纂者がヨーロッパの読者のために理解しやすいようにと改変してしまうこともある。イエズス会の史料が印刷に際してしばしば削除・改変がなされることは、研究者にとっては実は常識的に知られていることである。

年報は各布教地で作成される性質のものであり、「日本年報」は日本という地域について作成されるものである。「日本年報」には、その公開性の高さゆえにイエズス会の内部の問題などが取り上げられることはない。「日本年報」の内容に改変があるとしても、通常それはヨーロッパの読者の理解を助けるためである。編集の過程で、誤解によって変わってしまうこともある。意図的なものでは、辻褄《つじつま》合わせをするために内容を部分的に改変することはあり得るが、それも必ずしも頻繁にあることではない。

「一五八二年の日本年報補遺」にしても、原文書と刊本とのあいだにはそれほど大きな差異は認められない。教会内部の問題は収録しないとしたところで、布教地の状況について一般に説明するのに特段隠すべき問題は存在しなかったからである。

なお、フロイス書翰は、エヴォラ版『日本書翰集』に収録されているだけでなく、イタリア語訳が出版されている。「日本年報」は単年度のものが印刷されることもあれば、複数年度のものが合冊されて印刷されることもある。

東京帝国大学文学部史料編纂掛編纂『大日本史料』第十一編之一には、本能寺の変に関係する史料が収録されており、そこには欧文材料が使われているが、ポルトガル語からイタリア語に翻訳されたものが利用されている。これには複数年度のものが合冊されている。フロイスがポルトガル語で執筆してローマに送付したものが、このような形でイタリア語に翻訳されているのである。ただし、これは執筆の日付が、一五八三年二月一三日となっており、以下に述べるローマ・イエズス会文書館所蔵の文書やエヴォラ版『日本書翰集』に収録されている刊本よりも三カ月あまりも遅くなっている。おそらく底本が異なるのであろう。フロイスは、次の船便で送るために、自分の控えから写しを作成し、その写しを作成した日付を記載したものであると考えられる。

「一五八二年の日本年報補遺」はもともと個人書輸だった

「一五八二年の日本年報補遺」は、ローマ・イエズス会文書館にはポルトガル語で書かれたフロイス直筆の文書として現存している。同文書館の「日本・中国部」文書群にはイエズス会士の「個人書翰」とは異なり「日本年報」の分類もあるが、この文書は「個人書翰」の分類に含まれている。エヴォラ版『日本書翰集』の刊行の際、この文書が「日本年報補遺」として扱われ、「日本年報」を収録したことになっている同書の第二巻に収録されたのであろう。

これまでフロイスの「一五八二年の日本年報補遺」と呼んできたが、実際には、「一五八二年一一月五日付、口之津発、ルイス・フロイスのイエズス会総長宛書翰」と呼ぶべきものである。ローマ・イエズス会文書館所蔵の同書翰の表書きには「信長の死について」とあり、本能寺の変を報告するものであった。フロイスの自筆稿本には「日本年報」とも「日本年報補遺」とも記されていない。

フロイスは、本能寺の変について、ローマのイエズス会本部に個別に報告するつもりだったようである。そこで、彼は、上教区から口之津に送られた本能寺の変に関するイエズス会士の書翰や報告書を参照して、同書翰をまとめたのである。一五八二年の大事件として本能寺の変を個別に報告するものであったと考えられる。そこで、本書では、以下は同文書を「信長の死について」と呼ぶことにする。なお、この全訳を本書に「史料編」として掲載した。以下、こ

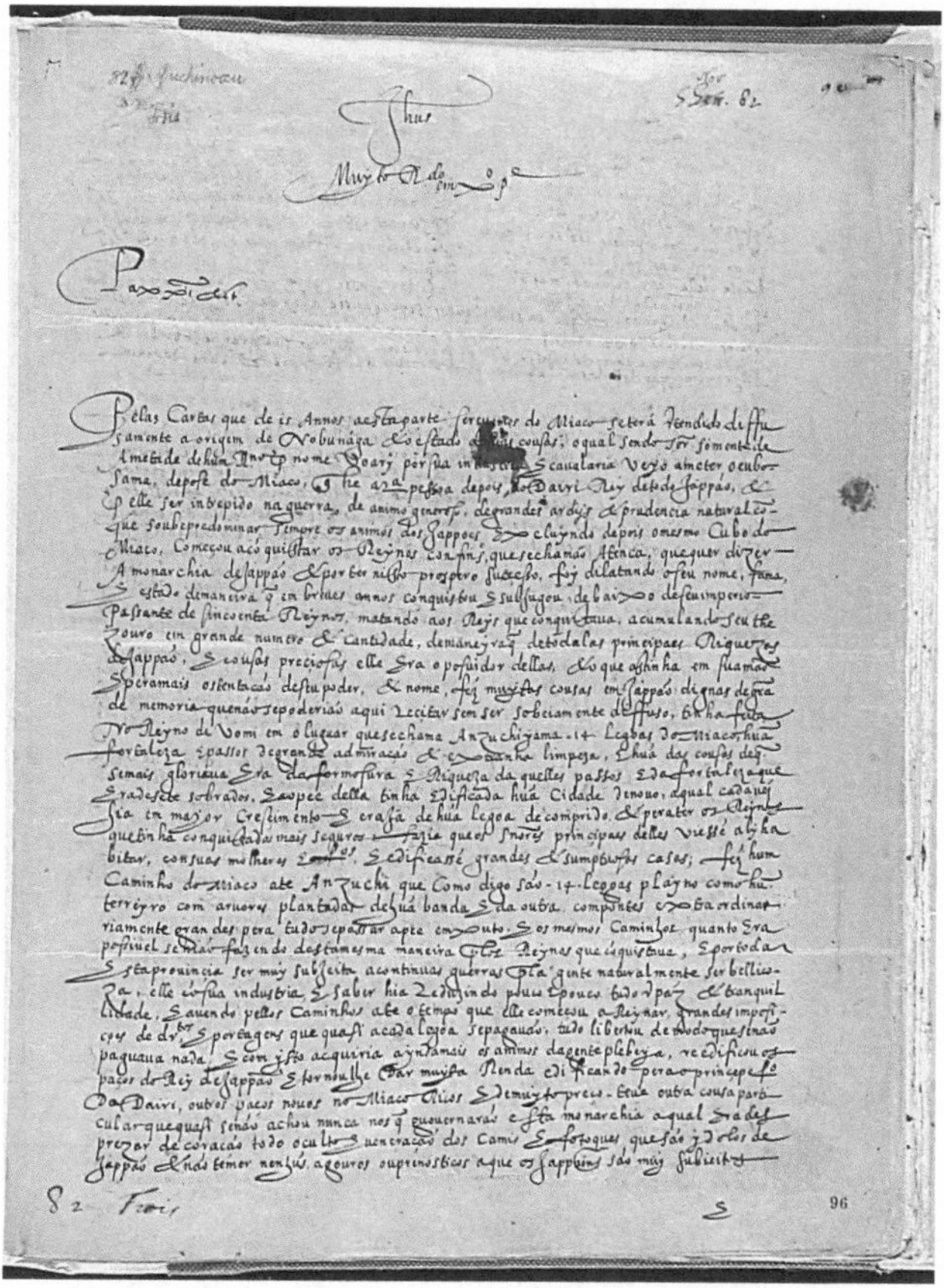

フロイス「信長の死について」（ローマ・イエズス会文書館所蔵。©Archivum Romanum Societatis Iesu）

れを基にして話を進める。

ところで、「一五八二年の日本年報」は、フロイス執筆、一五八二年一〇月三一日付、口之津発である。この「日本年報」は、フロイスの自筆稿本がローマ・イエズス会文書館所蔵の「日本・中国部」文書に収録されているが、「日本年報」ではなく個人書翰の分類となっている。ただし、フロイスの自筆稿本には表書きに「一五八二年の日本年報」と記されている。その内容は九州の記事が大半を占めており、後半に信長《のぶなが》の近況が記されている。「日本年報」としては比較的短いが、それでもある程度は必要な形式を踏まえているといえる。時期的には本能寺の変のあとになるが、それについての記述は見られない。

「信長の死について」の表書きには「第一便」と記されており、複数の写本が作成されたことがうかがえる。実際に、フロイスは、「日本史」においても類似の内容を記述しているので、控えを作成していたことは明らかである。『大日本史料』第十一編之一にはイタリア語版の印刷された「日本年報」が利用されているが、これは一五八三年二月一三日付となっているので、後便で送付したものが存在したと考えられる。「日本年報」には、地域ごとの報告をまとめるなど形式が定められているが、「一五八二年の日本年報」は完全にその形式に則《のっと》ったものではなく、記述も比較的短い。

フロイスの「日本年報」と「日本史」

一五八三年（天正一一）、フロイスは、「日本教会史」の作成を命じられており、以後その執筆に専念することになる。彼には「日欧文化比較」（「ヨーロッパ文化と日本文化」）と呼ばれる小品もある。フロイスの「日本年報」と「同補遺」の記述を「日本史」の記述と比較するならば、両者には往々にして類似が見られる。本能寺の変についても、「信長の死について」と「日本史」には類似の記述が見られるので、事情は変わらない。フロイスが「日本年報」などの記述を基にして「日本史」をまとめていることは明らかである。

一五七九年（天正七）、ヴァリニャーノが第一次日本巡察時に「日本年報」の作成を制度化した際、原文書のほかに写しを作成して現地で保管するという「イエズス会会憲」の原則を日本においても徹底するよう指導している。これによって、フロイスの執筆した文書は、日本、具体的には長崎に控えとなる写しが保管されていたはずである。なお、フロイスという同一人物の著作であるから「日本史」の内容に「日本年報」との類似点が見られるのは納得できるが、ほかのイエズス会士がまとめた「日本年報」の内容を「日本史」に収録していることもある。

記述内容が整理されているのは、「日本年報」よりも「日本史」のほうであるといえよう。しかし、最初にまとめられた「日本年報」のほうが史料価値は当然のことながら高い。フロイスが「日本史」をまとめる際に自身が得た新たな知見を加えることはあるが、それ以外の場合では基になっている「日本年報」を見るべきである。「日本年報」では、個別書翰を引用または参照した場合、その出典を明示することがあるが、「日本史」では、フロイスがそうしたものを省略して読みやすく変えてしまっていることが多い。それゆえ、「日本年報」のほうが同時代史料として史料価値が高く、根拠となった情報をある程度まで推測できるのである。

三　「信長の死について」を読み解く

会員名簿「イエズス会の日本カタログ」

当時の日本のイエズス会では、誰がどこで活動していたのか。イエズス会の「カタログ」によって、ある程度まで追跡できる。

キリシタン史料のうち、「カタログ」とはイエズス会員の人名カタログのことである。このカタログは、原則的に管区や準管区ごとに毎年作成されることになっていた。現在でも、「カタログ」の作成は継続しており、印刷されることになっている。このカタログによって、イエズス会員の誰がどこで活動しているのかが一目でわかるようになっている。当時のカタログは印刷されることなく文書の形で残存しており、そのほとんどがローマ・イエズス会文書館に所蔵されている。

イエズス会の歴史編纂者ヨゼフ・シュッテ神父は、キリシタン時代の日本のカタログを編纂して浩瀚《こうかん》な史料集を出版している。同書によって、キリシタン時代の日本にいたイエズス会士の所在が知られるのである。

「一五八四年のインド管区カタログ」には一五八二年二月の時点の日本の情報が含まれるが、型式が異なるうえにやや煩雑になるので、参考までに時期的に近い前年一二月二〇日付の「一五八一年の日本カタログ」の上教区の情報を次に示したい。

都地方・山城《やましろ》国・都
パードレ・ジョアン・フランシスコ〔・ステファノーニ〕　イタリア人・上長
パードレ・バルトロメウ・レドンド　カスティーリャ人・副担当司祭
イルマン・コスメ　日本人・説教師

近江《おうみ》国・安土《あづち》山すなわち信長の城の都市
パードレ・〔ニェッキ・ソルド・〕オルガンティーノ　イタリア人・全地域の上長
パードレ・フランシスコ・カリオン　カスティーリャ人・担当司祭
イルマン・シメアン〔・ダルメイダ〕　ポルトガル人・セミナリオ教師

狩野宗秀「都の南蛮寺図」(神戸市立博物館所蔵。Photo：Kobe City Museum/DNPartcom)。イエズス会の三階建ての聖堂で正式名称は「被昇天の聖母教会」。四条坊門姥柳町にあった。

イルマン・ディオゴ・ペレイラ　ポルトガル人
イルマン・ロレンソ　日本人・説教師
イルマン・ヴィセンテ　日本人・説教師

津《つ》国
パードレ・ジョゼフ・フルランテ〔フォルラネート〕　イタリア人
イルマン・ジェロニモ・ヴァス　ポルトガル人・説教師

ワカイ国
パードレ・グレゴリオ・デ・セスペデス　カスティーリャ人
イルマン・パウロ　日本人

後述のように、「信長の死について」に見られるイエズス会士と比較するならば、多少の入れ替えが見られる。いずれもイエズス会の上教区の所属なので、相互に交流があったと見ることができる。司祭では、レドンドが一五八二年二月までは都にいたが、本能寺の変の時点では上教区を離れている。津国とあるのは、摂津《せっつ》国高槻《たかつき》である。「ワカイ」とは、若狭国のことであろうか。「国」とあるので、堺ではないであろう。セスペデスとパウロは、一五八二年二月の時点では高槻におり、本能寺の変の時点では美濃あたりにいたので、この地域を巡回していたようである。

安土には二名の司祭のほかに日本人二名を含む四名の修道士がいるが、安土にはセミナリオ（小神学校）があったので、彼らは、おそらくセミナリオの教員となるイエズス会士であり、彼らのほかに生徒たちがいたのであろう。ダルメイダ報告にもセミナリオの生徒たちのことが記されている。

「信長の死について」の基になった情報

「信長の死について」の執筆者はフロイスということになっているが、彼がすべてを執筆したわけではない。イエズス会の準管区長が滞在する長崎には全国のイエズス会士から報告が送られてくるので、年報執筆者はそれらをまとめることになる。イエズス会では、本能寺の変の前後にさまざまな人物が書翰や報告書を執筆した。しかしながら、これらの書翰や報告書の現物はほとんど現存していない。これは、巡察師ヴァリニャーノが第一次日本巡察時に通信制度を改革したことと関係がある。彼は、年報制度を整備し、毎年一定の形式の「日本年報」の作成と送付を義務づけたが、同時にイエズス会員の個別書翰の送付を制限している。これによって、「日本年報」の基になった書翰がヨーロッパにまで送付されることがほとんどなくなってしまったのである。

フロイスは「信長の死について」をまとめるにあたって、各地方から送付された情報を参照している。同文書に情報提供者として名前が記されている人物としては、次のような者たちが挙げられる。

都　司祭フランシスコ・カリオン
安土　修道士シメアン・ダルメイダ
美濃《みの》　司祭グレゴリオ・デ・セスペデス
三ケ　司祭ジョゼフ・フォルラネート

これらの人物が送付した情報について検討していきたい。まず、フロイスは、セスペデス書翰を確認しておらず、セスペデス書翰に言及している個所も、実際はカリオン書翰からの転写に過ぎなかったものと考えられる。

フォルラネートの情報は口頭での報告であり、彼の書翰自体はそもそも存在しなかったものと考えられる。当事者の口頭報告を直接まとめたのであるから、その編集者は、口之津にいたフロイスではあり得ない。それゆえ、フォルラネートの情報をまとめたのは、事態が収束したあとに京都で本人から直接話を聞いたカリオンであったと考えられる。

ところで、「信長の死について」によれば、当時、上教区にいたイエズス会士は、次の者たちである（「史料編　ルイス・フロイス『信長の死について』」11参照。以下「史料編」と略す）。安土は、オルガンティーノ、ジョアン・フランシスコ・ステファノーニ両司祭、シメアン・ダルメイダ、ディオゴ・ペレイラ、ジェロニモ・ヴァス、日本人ヴィセンテの各修道士、神学校の少年たち。美濃は、司祭グレゴリオ・デ・セスペデス、日本人修道士パウロ。彼らは、安土から美濃国に移っている。三ケは、司祭ジョゼフ・フォルラネートと日本人修道士コスメ。都は、司祭フランシスコ・カリオン、修道士ロレンソと修道士バルトロメウであった。

情報提供者となったイエズス会士たちの略歴

これらのイエズス会士たちについて見ていきたい。

フランシスコ・カリオンは、スペインのメディナ・デル・カンポ生まれ。一五七一年にイエズス会に入会し、同年中にインドに到着した。カタログから一五五二年頃の生まれであると推測される。一五七七年（天正五）、来日している。一五七九年から翌八〇年にかけてマカオに滞在したが、その後は再び日本に渡航している。一五九〇年（天正一八）、生月《いきつき》にて没している。カリオンは、迫害者に殺害されたわけではないが、殉教者に数えられることがある。

シメアン・ダルメイダは、ポルトガルのコインブラ生まれ。一五七四年にイエズス会に入会している。一五五九年頃の生まれであると推測される。一五七六年、ゴアを出発し、翌七七年（天正五）に来日した。安土および高槻のセミナリオにおいて働いている。一五八五年（天正一三）、京都において没している。本能寺の変の時点では、正確な年齢は不詳であるが、二〇歳を少し超えたくらいではなかったかと推測される。本能寺の変の直後には自ら病身であると述べている。その後、若くして没したこともあり、位階は修道士のままであった。

グレゴリオ・デ・セスペデスは、一五五一年頃にマドリードに生まれた。一五六九年、サラマンカにおいてイエズス会に入会している。東アジア布教を志して、一五七五年にインド経由でマカオに到着し、一五七七年（天正五）に来日している。一五九二年（文禄《ぶんろく》元）一一月一日に長崎の八良尾《はちらお》においてイエズス会士としての最終誓願（イエズス会士が行なう第四の誓願）を立てたことが確認されている。

彼は、初めて朝鮮半島に渡ったイエズス会士として歴史にその名を留《とど》めている。漂流者を除き、意図的に朝鮮半島に入ったなかでは、初めてのヨーロッパ人である。一五九三年（文禄二）一二月、日本準管区長ペドロ・ゴメスの命令によって、朝鮮半島に出兵している日本人キリシタンの聴罪司祭として朝鮮半島に派遣された。日本人イルマンのハンカン・レオンとともに黒浦《フッポ》に到着し、小西行長《こにしゆきなが》の軍隊に合流している。ハンカンは、下総《しもうさ》国の生まれでもとは僧侶《そうりょ》であったが、医学の知識を持っていたといわれている。彼らの朝鮮半島渡航の目的は、小西の軍隊を始めとする日本の軍隊にいるキリシタンの司牧であり、この時点ではイエズス会には朝鮮半島に布教する意思はなかったと考えられている。一六一一年（慶長《けいちょう》一六）一二月にセスペデスは、小倉《こくら》において没している。

ジョゼフ・フォルラネートについては、目立った功績のないこともあって、詳細はほとんどわかっていない。ヴェネチアに生まれているが、生年は不詳である。一五六九年または七〇年にイエズス会に入会している。一五七六年、東方布教を志してインドに到着した。一五七八年（天正六）に来日し、大村《おおむら》に滞在したあと、高山右近《たかやまうこん》のもとで布教している。一五九三年（文禄二）、有馬《ありま》にて没している。

「信長の死について」は、どのように書かれたか

本能寺の変に話を戻そう。「信長の死について」は「一五八二年の日本年報」とは執筆日時がそれほど離れていないので、フロイスは、「一五八二年の日本年報」の作成後に新たな情報を基にして追加作成したのではなく、最初から「日本年報補遺」または「摘要《ポントス》」などとして分離して作成するつもりであったと考えられる。

「信長の死について」は、フロイスが執筆したとはいえ、彼自身は本能寺の変を間近で見たわけではない。それでは、口之津にいた彼に情報を提供したのは誰なのか。

同文書には、一人称単数で説明される記述が頻出する。では、その一人称の主語は誰なのか。京都にいて本能寺の変を間近に見たヨーロッパ人の司祭はカリオンのみであった。しかし、同文書において、ダルメイダの情報が中間に組み込まれていることは本文に明示されている（「史料編」16〜19）。この部分は、主語がダルメイダまたはオルガンティーノを中心とする安土のイエズス会士たちである。同文書には、セスペデスとフォルラネートの名前が挙げられているが、セスペデス書翰は要旨のみが示され（「史料編」32）、フォルラネートは口頭で報告したに過ぎない（同24、30）。

「信長の死について」の基本となっているのは、カリオンの書翰である。「史料編」9以降は、カリオンが一人称単数で顔を出しているように、彼が主役であり、情報の発信地は彼がいた京

都である。同16から19までは、安土から避難したダルメイダの報告であり、同20以降は、再びカリオンの情報に戻っている。

このとき、フロイスの手元には、カリオン書翰とダルメイダ報告しかなかったと考えられる。なお、後述のように、ダルメイダの情報は書翰の形態ではなく口頭報告に過ぎなかった可能性が捨てきれないので、以後、「ダルメイダ報告」と呼ぶことにする。

ここで、「史料編」1から8まで、および同20以降の記述が、すべてカリオン書翰を基にしているのか考えてみたい。冒頭の安土の情報について提供者となり得たのは、カリオン以外はダルメイダとセスペデスである。フォルラネートは、本能寺の変の前後には安土にはいなかったからである。「史料編」2から4までには、安土にいる信長が自己を神格化しようとしたことが述べられている。同5は信忠《のぶただ》の記事であり、同6から8までは、本能寺の変を暗示する天変地異が述べられている。安土のことが述べられているが、これはカリオン書翰にあった内容であると考えられる。同32には、セスペデス書翰が参照されているが、セスペデスからの情報はこれだけである。セスペデスは、本能寺の変について報告していない。では、本能寺の変の時期のセスペデス書翰が、同32に見られる内容のみであったことについて説明したい。

セスペデス書翰の存在

フロイスは、口之津において「信長の死について」をまとめる前、一五八二年一〇月三一日付の書翰を執筆している。これは、おもに九州地方における同年の事柄を報告したものであり、エヴォラ版『日本書翰集』には「一五八二年の日本年報」とされている。上（京都）教区の事柄は同文書に収録されているとはいえ、それほど詳細なものではない。

上教区の報告としては、フロイスの記述によれば、以下のグレゴリオ・デ・セスペデスの二通の書翰を引用している。いずれも発信地は明示されていないが、おそらく美濃であろうと推測される。セスペデスの情報は、「一五八二年の日本年報」の記事と「信長の死について」の記事のみに見られる。同年報では、これら二通の書翰以外には上教区の事柄について、情報源は存在しないことになる。それらの書翰は、次の二通であることが示されている。

・一五八二年一月一六日付、セスペデス書翰
・一五八二年六月一七日付、セスペデス書翰

本能寺の変は、一五八二年六月二一日のことなので、これら二通のセスペデス書翰は、本能寺の変より前の情報を収録していたはずである。それゆえ、それ以前に執筆されたこれら二通の書翰では記述の対象とはなり得ない。前者はセスペデスの執筆ではない可能性もあるが、行論上の混乱を避けるために彼の書翰と見なす。

「信長の死について」には、「昨日、彼〔セスペデス〕からの書輸が来た」とあるが、そこには本能寺の変の知らせを受けたことが記されているので、上記の二書輸ではない。第三のセスペデス書輸となる。この「昨日」とは、口之津にいたフロイスにとっての昨日ではなく、京都にいたカリオンにとっての昨日であったと考えられる。ただし、カリオンがいつ執筆したものなのか日時はわからない。フロイスは、第一と第二のセスペデス書輸を「一五八二年の日本年報」で、第三のセスペデス書輸を「信長の死について」で利用したことになるが、彼には本能寺の変以前の情報と本能寺の変の報告を分離してまとめる意図があったからであると考えられる。

第一および第二のセスペデス書輸に本能寺の変の記事は収録されなかったとしても、少なくとも第三のセスペデス書輸に信長の自己神格化の記事が記載されていたならば、「一五八二年の日本年報」に収録できたのではないか。しかし、実際は、信長の自己神格化の記事は、「信長の死について」のみに掲載されている。なぜ、「一五八二年の日本年報」に収録できなかったか。その答えは、セスペデス自身の記述に見られる。セスペデスは、オルガンティーノの命令によって、この間、美濃国と尾張国《おわり》を巡回していたのである。セスペデスはおもに美濃国にいたが、日本人イルマンのパウロとともに移動している。この頃のセスペデスの拠点は明確ではないが、おそらく岐阜近辺であったものと考えられる。それゆえ、セスペデスは、安土の状況を把握できなかったのである。

セスペデス書翰の形態については、フロイスは「一五八二年の日本年報」となる文書を脱稿してわずか五日後に「信長の死について」を脱稿しており、後者に収録された第三のセスペデス書翰の引用方法は前者に収録されたものとは明らかに異なる。フロイスは、第三のセスペデス書翰の現物を見てはいないものと考えられる。「信長の死について」には、「現在に至るまで、我々がパードレ・グレゴリオ・デ・セスペデスの消息を知らないのは大きな心痛であった」（「史料編」32）とあり、我々とは上教区の者たちである。つまり、「信長の死について」に言及されているセスペデス書翰については、フロイスは、カリオンがまとめたものを見たに過ぎないと考えられるのである。

『日本の精華』（ポルトガル国立図書館所蔵）掲載のフランシスコ・カリオン像

信長の自己神格化はカリオンの執筆

「信長の死について」には信長の自己神格化の記事が第三のセスペデス書翰の引用よりも前に収められており、この部分はカリオンが執筆したものであると考えられる。以下、その理由について述べておきたい。

カリオンは、ヴァリニャーノが「日本年

報」の作成を制度化してから初となる「一五七九年の日本年報」を作成しているが、それ以降は信長について触れていない。それゆえ、カリオンが信長の人となりを説明したとするならば、それは決して不自然なことではない。ただし、信長の自己神格化はカリオン自身が実際に経験したことではなく、彼は、この情報を安土にいたオルガンティーノかダルメイダから聞いたものと考えられる。第三章で詳述するが、信長の自己神格化の記事は、信忠の記事とセットになっているからである。光秀の人物像については、イエズス会の同時代史料に限っていうならば、これ以外にはまとまった記述は見られない。

カリオンが信長の自己神格化の記事を執筆したことは、織田《おだ》信忠の記事でも裏付けられる。信長の自己神格化の記事に続けて、信忠が愛宕《あたご》神社に願をかけたことが述べられている。信忠がこれを行なったのは、本能寺の変の三日前とされている。地理的条件を考慮するならば、信忠が愛宕神社に願をかけたという三日前の記事を執筆したのは京都にいたカリオンであると考えるのが妥当であろう。

さらに、信長についての記述と信忠についての記述が同じ論理に従った一連の記事であることを併せて考慮するならば、二つの記事は同一人物の手になるものと考えられる。本能寺の変の一九日前に安土で信長の誕生日の祝祭があったことが述べられているが、これを執筆したのは、カリオンであったと考えるべきであろう。

カリオンは、自己の書翰を報告書として完結した内容にしようとしたのであろう。そのために、信長や光秀《みつひで》についてはそれまでの「日本年報」などに繰り返し記述されているにもかかわらず、報告書の冒頭から信長や光秀の人物像の説明を始めたのではないか。フロイスがこの部分を執筆したのであれば、信長についてはすでに「一五八二年の日本年報」などで繰り返し述べているので、繰り返しとなる前置きなどはいらないはずである。

「信長の死について」の構成

フロイスが、「信長の死について」の作成に当たって基にしたのは、カリオン書翰とダルメイダ報告だったと考えられる。

結論的に述べるならば、フロイスの「信長の死について」は、口之津にいる彼のもとに送られたカリオン書翰を基本として、それを二分割したうえで、ダルメイダ報告を挟み込んだ形になっている。同文書はフロイスが作成したことになっているが、彼自身による加筆部分は、それほど多くはなかった、というよりも、ほとんどなかったと考えられる。それでは、この作者ということになっているフロイスは何をしたのかといえば、そのつなぎの部分などに若干の加筆が認められるに過ぎない。この史料の基幹をなしているカリオン書翰の部分は京都で執筆したことになっているが、ダルメイダ報告も、事態が収束に向かいつつあった頃に京都で作成されたものと考えられる。

カリオン書翰は、それだけで内容が完結しているのでフロイスがその全文を収録した可能性が高いが、ダルメイダ報告は比較的短いので編集の際に切り捨てられた部分があったのかもしれない。この文書には記述に論理的矛盾が見られることがあるが、それは原著者が異なるために個人的見解が相互に矛盾してしまった結果であると考えられる。記述に必要以上の重複が見られるのも、複数の執筆者がいるためである。

このような構成にしたのは、カリオン書翰を二つに分断して、そのあいだにダルメイダ報告を挟み込む形にすることで、おおむね時系列に従って記述することが可能になるからであろう。カリオンはスペイン人なので、カリオン書翰はスペイン語で、ダルメイダはポルトガル人なので、ダルメイダ報告はそもそもポルトガル語で執筆されたものと考えられる。フロイスは、ポルトガル語のダルメイダ報告はポルトガル語の原文通りに利用したであろうが、カリオン書翰はスペイン語からポルトガル語に翻訳したうえで利用したであろう。

先述の通り、同文書にはセスペデス書翰からの引用もしくは要約が見られるが、第三のセスペデス書翰は、フロイスが利用した史料には実は含まれていないものと考えられる。つまり、フロイスは、セスペデス書翰の現物は手にしていないようなのである。ほかのイエズス会士からの報告が存在したかのようにも見えるが、実際にはこれらは口頭での報告程度に過ぎなかったようである。つまり、カリオンがセスペデス書翰を引用したと考えられるのである。なお、第三のセスペデス書翰は、おそらくスペイン語で執筆されたのであろう。フロイスは、カリオン書翰を転写することによって、彼自身が第三のセスペデス書翰を利用したかのような形になってしまったと思われる。本能寺の変の前振りになる部分には、大事件を予告するような天変と彗星《すいせい》の話があるが、これらはセスペデスが京都に書き送った情報を、カリオンがまとめ直したものに過ぎないと考えられる。

第三のセスペデス書翰の要約は同文書の末尾にも見えるが、これもカリオンが同書翰を要約したものであると思われる。第三のセスペデス書翰の要約の直後に、カリオンが自身を指す形で登場しており、しばしば一人称で語られているのはカリオン書翰を引き継いでいるためである。フロイスは、この一人称の記述を修正する必要はないと判断したようである。主語を修正して記述方法を統一しきれなくなっては、かえって全体の文脈に混乱を来すと考えたのであろう。ここには第三のセスペデス書翰が引用されているとはいえ、同書翰それ自体はフロイスのいる口之津には送られていなかったと思われる。フロイスは、セスペデス書翰の実物を見ることなく、内容をいわば孫引きしたに過ぎないのである。

松田毅一氏は、「一五八二年の日本年報補遺」において、いくつかの主語が著者とされるフロイスではなくカリオンであることについて、これは執筆者のフロイスが興奮のあまり一人称を使ってしまったものと考えている（松田毅一『近世初期日本関係 南蛮史料の研究』風間書房）。しかし、実際には、カリオン書翰が基調になっているので、フロイスは、カリオンを主体とする一人称の表現を保持したのであろう。主語の人称まですべて書き直すとなるとかなり面倒な作業になるので、そのままにしたものと考えられる。

このことから、フロイスは、「信長の死について」の作成に際して、自らは余計な情報を書き加えてはいないものと考えられる。本能寺の変は重大事件であったので、フロイスは、自らの見解を交えたりはせずに、口之津にいる自分のもとに送られて来た書翰や報告を編集または翻訳したのであろう。

報告の性質が異なる「カリオン書翰」と「ダルメイダ報告」

「信長の死について」の実質的な著者のカリオンは、本能寺の変について「摘要《ポントス》」を執筆したつもりだったのであろう。カリオン本人は、自分の報告がそのままローマのイエズス会本部に送付されるものと思っていたかもしれない。実際、ダルメイダ報告が存在せず、カリオン書翰しか存在しなかったならば、カリオン書翰が「摘要」として何ら手を加えられることなく、ローマのイエズス会本部に送付されることになったはずである。フロイスがカリオンの意図を汲《く》み取ったとしても、そこにダルメイダ報告を挟み込んだ以上、それはすでにカリオンの書翰ではなかったという判断がなされたのかもしれない。フロイスの執筆となったのにはこのような事情があったのではないだろうか。

カリオン書翰は、本能寺の変から山崎《やまざき》の戦いの収束までの概略をほぼ時系列に従って報告したものである。これに対して、ダルメイダ報告は、安土から京都までの自分たちイエズス会士の逃避行の経緯を記したものである。こちらは本能寺の変という大事件の概略を報告するために執筆されたものではなく、ダルメイダが自分たちの身の上に起きたことを報告したものである。つまり、カリオン書翰とダルメイダ報告の報告書としての性質は多少異なるといえる。「信長の死について」は、カリオン書翰にダルメイダ報告が組み込まれたものと考えられるが、カリオン自身は、自分の書翰が本能寺の変について報告した「摘要」か「日本年報補遺」として送付されると考えたのではないか。カリオンは、自分の書翰にあとで編集の手が入ることを想定していなかったものと思われる。

他方、ダルメイダ報告は、カリオン書翰と比較するならば、かなり記述が短いといわざるを得ない。フロイスは、本来のダルメイダ報告から必要な部分のみを切り取って使った可能性がある。その場合、残りの部分は全体に影響するものではないと見なして、収録しなかった可能性が考えられる。

ダルメイダ報告については、オルガンティーノが主役という意識があったためか一人称複数が主語となることが多いが、時にダルメイダを主語とする一人称単数も使われている。さらに、カリオン書輸にダルメイダ報告を組み込んだために、全体を通して見ると内容の重複などの不自然な点が生じたのではないかと思われる。

四　綴りや主語の人称、構成から見えてくること

ダルメイダ報告は書翰であったか口頭報告であったか

ここで、ダルメイダ報告が口頭報告である可能性がある理由を説明したい。先述のように、引用されたダルメイダ報告では、主語は一人称複数が中心であり、一人称単数が主語になることは少ない。ダルメイダ報告の記述は、彼らが安土から集団で避難行動をとっているうえに、オルガンティーノが中心的存在であったと見てよい。ダルメイダ報告の全体の分量は、それほど多いわけではない。

「信長の死について」では、ダルメイダ報告を引用する前の部分に、ダルメイダが「述べる」(diz) ことを引用者が「示すつもりである」または「書き留めるつもりである」(apontarei) と記されている（『史料編』15）。ダルメイダが「書いたことを引用する」とも読めなくはないが、文字通り受け取るならば、「私は、ダルメイダが述べることを書き留めるつも

りである」とすべきであろう。この「私」とは、フロイスであるとするならば、彼がこの書翰を編集したことになるが、カリオンであると考えるならば、同文書のすべてがカリオンの手によって記されたことになる。

このように、ダルメイダ報告は書翰の形で存在していたものではなく、口頭報告であった可能性も考えられる。その場合、ダルメイダ報告を書き留めたのはカリオンであり、フロイスが口之津において確認したのはカリオン書翰のみであり、ダルメイダ報告を見てはいないことになる。そうであるならば、フロイスは、京都から送られてきたカリオン書翰をスペイン語からポルトガル語に翻訳しただけで、それ以上には手を加えていなかったことになる。この可能性も捨てきれないので、この点を考えてみたい。

この場合なぜフロイスは、カリオン書翰を翻訳しただけなのに署名をしてしまったのか。このように、第三者の報告をフロイスが自分の報告であるかのように書いてしまう事例はあるのか。現時点では類似の事例は確認できないが、フロイスがわずかでも手を加えていたのならば、あり得ることではないか。報告の表書きには、書翰としての情報のほかに「信長の死について」とある。記入された位置を考慮するならば、これは報告を受け取ったイエズス会総長の秘書が記入したものではない。執筆者が発信時に記入したものであると考えられる。この書翰は、「信長の死について」報告した「摘要」としてまとめられたものと見られる。

カリオンは、「一五七九年の日本年報」をスペイン語で執筆しており、その要約をラテン語で執筆している。カリオンは、書翰や報告書を通常スペイン語またはラテン語で執筆し、フロイスは、ポルトガル語で執筆しているものと見てよいであろう。フロイスは、これ以降、「日本年報」の作成者として定着していくことになる。「日本年報」が制度として確立したあとは、ポルトガル語で執筆されたものが中心になっているが、初期の「日本年報」に限っていえば、ポルトガル語、スペイン語、イタリア語、ラテン語で作成していたか、あるいは作成しようとしていた。

もし、「信長の死について」のすべてがカリオンの手になるものであるならば、フロイスがカリオンのスペイン語の報告をわざわざポルトガル語に翻訳したことの理由がなくなる。しかも、フロイスがそれに署名までしているのである。カリオン書翰に何らかの形で手が加わっていなければ、フロイスが執筆者となるのは不自然であろう。

では、フロイスはどのような形で手を加えたのか。ひとつの可能性は、ダルメイダ報告は書翰の形で存在し、フロイスは、カリオン書翰を二つに割ってあいだにダルメイダ報告を挟み込み、スペイン語のカリオン書翰はポルトガル語に翻訳し、ダルメイダ報告はポルトガル語のまま使用し、そのうえで最初の一文と最後の数行を書き加え、自らの書翰として署名した、というものである。

もうひとつの可能性は、ダルメイダ報告は、カリオンにした口頭報告であり、文面としては作成されなかった、というものである。

ただし、後者の可能性は高くはない。その理由としては、次の二点が考えられる。①フロイスの編集が翻訳のみで、それに最初の一文と最後の数行を加えただけになってしまう。この場合、フロイスがカリオン書翰に手を加える必要はなく、カリオン書翰をスペイン語のまま送付すればいいことになる。②カリオン書翰の後半部とダルメイダ報告は内容が重複するうえに内容が矛盾するところがあるので、カリオンがダルメイダの口頭報告を書き取ったのならば、自らが執筆した後半部に調整を加えて重複や矛盾を解消したはずである。

「日本」の綴り方から推測できること

このように、「信長の死について」において、フロイスが加筆したと考えられる部分はきわめて少ない。彼が加筆したことが確実なのは短い最終段落である。ポルトガル語の綴《つづ》り方から推測できることを以下に述べておきたい。

実は、この時点でのフロイスのポルトガル語の綴り方の特徴としては、「日本」を意味するポルトガル語の「Japão（ジャパォン）」を挙げることができる。同文書においては、ほぼすべてが「Jappão」と綴られている。確実な例外は、最終段落の一個所のみである。フロイスが通常このように綴っていたかといえば、同日付の別の書翰においては、彼は、「Japão」と綴っているのである。このことから、フロイスの本来の綴り方は「p」を重ねないものであったと考えられる。それでは、最終段落では「p」を重ねていないのはどうしてか。これは、この部分がフロイスの加筆であることを意味するのではないか。

さらに付け加えるならば、「信長の死について」の冒頭の記述もフロイスの可能性がある。それは、「一五年来、我々がここ都から認《したた》めた書翰によって、〔織田〕信長《ノブナンガ》の出自と彼についての諸事がよく理解されるであろう」という記述である。

一五六〇年代の半ばから、日本、とりわけ京都における布教活動に断続的であるとはいえ携わっていたのは、上記のイエズス会士の中ではフロイスのみである。もちろん、それ以下を記述したと考えられるカリオンは、これには該当しない。その直後の「日本」の綴りは「Jappão」となっているので、フロイスが書き加えたのはこの一文のみで、それ以降の記述はカリオンの手になるものと考えられる。

それでは、カリオンが「日本」をどのように綴っていたかといえば、「一五七九年の日本年報」においてスペイン語の日本を「Jappon（ハポン）」と綴っているのである。フロイスは、カリオンの綴りにつられて「p」を重ねたのではないだろうか。

ダルメイダ報告の部分には、「日本」は四個所に出てくるが、そのうちの三個所で「p」を重ね、一個所で重ねていない。ダルメイダは若くして亡くなったこともあり、彼本来の書き癖がわからない。それゆえ、ここから記述の形態がダルメイダ報告からの転写か、カリオン書翰にあったダルメイダ報告のポルトガル語訳なのかは、残念ながら判断できないのである。なお、カリオンのスペイン語の自筆書翰は散逸してしまったのではなく、そもそも日本からローマの本部には送付されていなかった可能性が高い。綴り方について顕著に異なる事例なのでここに記しておくが、これに類する事例はほかにもあるものと思われる。

同日付のフロイス書翰

フロイスは、「信長の死について」と同じ一五八二年一一月五日付となる総長宛書翰を口之津において執筆している。この書翰は、報告書「信長の死について」の前置きとなるものであり、それほど長文ではない。報告書の前置きとなる書翰をフロイス自身が書いたので、報告書も自身がまとめた、または編集したことにしたかったのではないかと思われる。

ただし、フロイスにとっては、本能寺の変は過去の大事件に過ぎず、ヴァリニャーノの日本巡察を報告することのほうが重要であったかのようである。フロイスは、この書翰を「信長の死について」の直後に執筆したものと考えられるにもかかわらず、本能寺の変に触れておらず、ヴァリニャーノの日本巡察に関することが述べられているに過ぎない。

フロイスは、この時点で、自らの状況について、次のように語っている。

私は、ポルトガルの出身であり、リスボンでパードレ・メストレ・シモン〔・ロドリゲス〕に迎えられてから三五年になり、同年にインドに向けて出発した。そこで一五年間、私は、勉学し、インド管区長の秘書としての役割をつねに果たしてきた。インドを離れてこれら日本の地域に向かい、二〇年間を過ごした。我々の主は、つねに大部分をこの管区に費やさせ、私は、インドにもヨーロッパにも一般書翰を認めた。昨年、私は、言語〔の通訳〕のために同行した巡察師と一緒に都から戻ったのち、その王国と領国について持っている知識から豊後《ぶんご》に向けて戻ったが、そこで府内《ふない》コレジオ院長〔ベルショール・デ・フィゲイレド〕の立会いのもと、巡察師〔ヴァリニャーノ〕の手によって〔最終〕誓願を立てた。私は、巡察師と一緒に彼が中国に向けて戻るために乗船する港〔口之津〕まで来た。

フロイスの回顧とともに、ヴァリニャーノの日本巡察に同行した経緯が記されている。フロイスは、一五三二年の生まれなので、この年にちょうど五〇歳になる。フロイスは、都を離れたあとに豊後府内において最終誓願を立てると、巡察を終えて日本を発《た》つことになるヴァリニャーノに同行して口之津まで来たというのである。ヴァリニャーノのマカオ帰還後に、フロイスがこの文書を口之津で執筆したことがわかる。

本能寺の変後の混乱した状況については、わずかに次のように記されている。

猊下《げいか》は、日本の人々が大変好戦的であり、その土地が多数の戦争やそうした事柄が続いていることをご存じと思う。そうしたものは頻繁に変化し、顕著になっている。巡察師〔ヴァリニャーノ〕の日本からの出国後、八、九カ月でさまざまな事柄が起きたので、それらの動乱は、猊下に情報が与えられるよう、それらについてすぐに別便が送られるのに十分なものであった。しかし、起こった事柄を猊下やそちらにいる者に説明できるような者が現状では特に不足している。彼らは、高齢であり、イエズス会はこれらの地域において役務を免除できないので、現状では猊下に書翰を認める以上のことはできない。

フロイスは、本能寺の変をヴァリニャーノの日本巡察後に起きた重大事件のひとつという捉《とら》え方をしていたと考えられる。それでも、この書翰には、信長が殺害されたことはもちろん、信長の名前すら見えない。畿内のみならず、フロイスが口之津に赴く前に滞在していた豊後府内においても、大友宗麟《おおともそうりん》が島津《しまづ》氏に圧力をかけられている状態だったので、大変むずかしい状況にあったといえる。

ここでは日本の出来事の報告に言及されているが、「信長の死について」となるものの作成者やその情報提供者が誰であるのかにはまったく触れられていない。この個別報告書をヨーロッパに送付するために、フロイスは、自分が関与したヴァリニャーノの日本巡察の経緯を述べたに過ぎない。信長の殺害は、この時点では、すでにフロイスの最大の関心事というわけではなかったと考えられる。

フロイスの心情を知ることは、彼自身が何か記しているわけではないのでむずかしい。しかし、それでもあえて推し量るならば、彼は、信長の死に立ち会えなかったことを残念に思っていたのではないだろうか。彼は、京都に長く居住しており、信長とは知己であったので、信長の周辺事情には誰よりもくわしいという自負があったと思う。

ところが、フロイスは、肝心な重大事件のときに京都を離れていた。信長の死による戦争と混乱を、彼はまったく経験していない。彼が巡察師ヴァリニャーノに同行して九州に向かわなければ、彼が本能寺の変を直接目撃した当事者として報告書を作成することになっていたはずである。当該書翰において、フロイスが本能寺の変に言及していないのは、このあたりの事情も関係しているのかもしれない。

第三章　キリシタン史料から本能寺の変をたどる

一　信長の自己神格化

「信長の死について」の概略

本章では、フロイスが作成したとされている「信長の死について」を基にして、本能寺《ほんのうじ》の変について時間を追いながら具体的に検証していきたい。

前章で述べたように、フロイスは、カリオン書翰《しょかん》を基にして、その中間にダルメイダ報告を挟み込む形をとり、この文書を作成したものと考えられる。

ただし、冒頭にある「一五年来」というのは、カリオンではなくフロイスの言葉である可能性が高い（「史料編」1）。フロイスは、一五六五年から京都の布教に携わっているが、本能寺の変の時点でこれに該当する人物はキリシタン教会にはほかにいないからである。日本から発信された書翰が長崎あたりに保存されていれば、第三者がこのような書き方をすることもあり得るが、この時点では、実際には日本発信の書翰は日本にはほとんど遺《のこ》されていなかったことがわかっている。それゆえ、これがフロイスの記憶による記述であると見なすことができる。また、カリオン書翰からダルメイダ報告に移行するところでは、フロイスが若干の筆を加えている可能性がある。実は、本能寺の変については、「信長の死について」以外のキリシタン史料からは傍証可能なものがほとんどない。これは皮肉なことであるが、巡察師ヴァリニャーノが日本のイエズス会の通信制度を整備し、「日本年報」以外の報告書などを日本準管区の幹部ではないイエズス会員が送付することを制限してしまったからである。

フロイスにとっては、本能寺の変の記録は信長《のぶなが》の死を報告したにとどまらず、日本における内戦の記録でもあった。「一五八二年の日本年報」は、前年のものと比べるといくぶん簡略なものである。「信長の死について」も、それほど長文のものではない。

ローマ・イエズス会文書館が所蔵するフロイス執筆の文書とエヴォラ版『日本書翰集』に収録された「一五八二年の日本年報補遺」を比較するならば、前者は日本語の表記がおおむね正確であるが、後者は日本語表記にしばしば誤りが見られる。ヨーロッパで印刷されたエヴォラ版『日本書翰集』の編者には日本語の知識がなかったので、当然のことともいえる。

以下、ローマ・イエズス会文書館所蔵の報告書「信長の死について」を基にして、本能寺の変を時系列に従って見ていきたい。もちろん、これが事実経過をすべて正確に記述しているとはいえないが、外部の影響を受けていない同時代史料として検討していきたい。

冒頭、信長についての基本的説明がなされている。信長についての記述はそれ以前の「日本年報」などにも見られるが、それがまとめ直されている。とりわけ、注目すべきは、信長が安土《あ》城《づち》を築造した経緯と、ごく最近、信長が安土で自己神格化を試みたことの記事であろう。

信長の自己神格化の試み

信長は、最晩年に安土に摠見寺《そうけんじ》を建立して人々に自らを崇拝させようとした。つまり、信長は、自己神格化を試みたとされている。これは信長の最晩年のこととしてイエズス会の史料にしか見られないので、事実であることが疑われてきた。しかし、これが次に続く信忠《のぶただ》の愛宕《あたご》神社参拝の記述とセットになっていることを考慮するならば、基本的にカリオンの情報であると考えられる。それゆえ、この記述は事実を反映しているものと考えられる。信忠が愛宕神社に参拝したのは、本能寺の変の三日前であったということであるが、それを把握できるのは京都にいたカリオンのほかにない。信長と信忠の記事を執筆したのはカリオンであったことがここからも裏付けられる。

本能寺の変のまさに直前、信長は、摠見寺という寺院を建立して自分を崇拝するよう命令し、信長の誕生日を参詣日としたと記されている（「史料編」3）。それが具体的にいつのことかは記されていないが、この布告は信長の誕生日のために公布されたはずなので、誕生日前のことであると考えられる。信長の誕生日は、「信長の死について」によれば、「本能寺の変の一九日前」であるとされている。このことから、松田毅一《まつだきいち》氏は、天文三年（一五三四）生まれの信長のここに書かれた誕生日の祝祭が天正《てんしょう》一〇年五月一二日であると見なしている（松田毅一・川崎桃太訳『フロイス　日本史』5、中央公論社）。

しかし、この出来事は「信長公記」を始めとする日本側の史料からは確認できない。それゆえ、その信憑性《しんぴょう》が疑われているのである。「信長の死について」には、信長の誕生日の様子が描写されているので、記録者は信長の誕生日には安土またはその近辺にいたと考えられる。フロイスの「日本史」も、この点については同文書を踏襲しており、類似の内容となっている。

しかし、信長が、安土に摠見寺を創建し、自らを崇拝させようとしたというが、宗教を否定した信長が自己を神格化しようとしたというのは奇妙なことである。しかも、信長を崇拝することによって現世利益があると説明されているのである。信長の自己神格化については、地域の信仰を統合したうえで、御神体となるべきものを設定するなど、神道の要素を認めることができる反面、信長個人を崇拝させるところなど、キリシタンの信仰を個人崇拝に転化させた可能性もある。

これに続いて、長男信忠が本能寺の変の三日前に愛宕神社に参拝していたという記事がある。信忠は、信長とは異なる形ではあるが、偶像崇拝行為を実施したことになる。信忠は、それまでの「日本年報」に見られるように、キリシタンの教えに関心を示していたうえに、イエズス会士たちとは良好な関係を保っていた。それだけに、彼が愛宕神社に参拝し、願をかけたことは彼らの期待を裏切るものであったようである。

信長の中国大陸征服計画

信長は、永禄《えいろく》一〇年（一五六七）頃から岐阜城において、「天下布武」の印章を使いはじめている。「天下」という言葉が出ているが、信長の考える「天下」とは畿内を中心とした狭い地域に過ぎなかったといわれている。しかし、実際、信長の支配構想はそのような狭い範囲に留《とど》まるものではなかった。信長は、日本全国を統一したあとには中国大陸に侵攻することを考えていたというのである。

「信長の死について」には、次のように記されている。

9（略）彼は、毛利《もうり》を征服しおえて日本全国六六カ国の絶対的領主となったならば、中国（大陸）に征服にいくために大艦隊を準備させ、彼の息子たちに諸国を分配することを決意した。息子たちについては、城介《ジョーノスケ》殿《ドノ》（信忠）という名の世継ぎの世子には美濃《みの》、尾張《おわり》の両国と甲斐《かい》国の国王から新たに奪取した四カ国をすでに与えていた。この者は、ほかの一般書翰に見られることによれば、生来よい人物であり、我々の友人であった。御茶筅《オチャセン》

〔織田《おだ》信雄《のぶかつ》〕という名の次男には、信長は、ほかの二カ国を与えており、彼が安土より都に向けて発《た》つ前に派遣している。三男については、四カ国を意味する四国に派遣し、今や日本全国の領主となったかのようにこれらの国を与えた。この三男は、三七殿《サンシチドノ》〔神戸《かんべ》信《のぶ》孝《たか》〕という名であり、つねに我々のよき友人であり、神の事柄に心を寄せていた。

これは信長の自己神格化と同じく、海外出兵計画について述べた唯一の史料であり、日本側の史料には見られない。信長が中国大陸を征服したあとには、自分の息子たちに中国大陸を分割支配させるというのである。

これら二つの問題、すなわち信長の自己神格化と中国大陸征服はセットで計画されたことと思われる。これとは形態が少し異なるとはいえ、のちに秀吉《ひでよし》は中国大陸の征服計画を実行に移している。この秀吉の計画が現実のものとなったのが、文禄《ぶんろく》・慶長《けいちょう》の役である。秀吉の朝鮮出兵は、彼の中国征服計画のための前段階であったことが知られている。秀吉は、自らを「日輪の子」であると称して、自己の出兵と支配を正当化しようとした。秀吉の感生帝説《かんせいていせつ》とされるもので、こうしたものは東アジア地域によく見られるが、この時点では唐突に出てきた発想であるといわれることがある。

秀吉の場合、信長が行なった自己神格化とは形態は異なるが、自己の支配の正当性を確立するために必要であると考えたのであろう。それは、中国大陸征服の理論的裏付けとなるものだったのではないか。信長が中国侵攻の構想を抱いていたのであれば、秀吉の中国侵攻は信長の構想の実現ではなかったのか。

秀吉にとっては、中国大陸出兵のための理論的裏付けが自己神格化であったのであろう。信長が晩年に自己神格化を試みたことに一脈通じるところがあるので、秀吉は、信長の構想を受け継いだのではないかと考えられる。信長の後継者として天下統一事業を実施するためには、織田家の血筋を受け継いでいることが必要であった。秀吉が織田家の血筋にこだわり、信長の妹やその娘と婚姻関係を持とうとしたのには、彼の天下構想が関わっている。秀吉は、信長の正統な後継者たらんとしたのである。

秀吉の中国出兵計画という発想は突如出現したものと思われているが、その計画が自らの神格化を前提としていると考えるならば、そのあり方は信長の場合と共通していることになる。秀吉は、信長とほぼ同じ手順を踏んでいることから、信長の構想を具体化したものと見ることができるのではないか。しかしながら、そもそも信長の中国大陸征服計画という発想がどこから生まれたのかは、現時点では判然としない。

大事件の予兆とほかの息子たち

大事件の前触れを暗示するかのように、天変が起きていることが示されている。

一五八二年三月八日（天正一〇年二月一四日）、夜中に東の空が大変明るくなる。

一五八二年五月一四日（天正一〇年四月二二日）、彗星《すいせい》が出現し、それが数日間も続いている。

こうした天変によって信長の死が暗示されていると考えられた。本能寺の変は、それほどまでに大事件だったのである。信長のカリスマ性が絶大であったことは、こうしたことにも表れているといえよう。

信長は、安土を拡張しており、四、五年前から毛利氏と交戦している。羽柴《はしば》秀吉も、大規模な築城を開始している。信長は、秀吉に毛利氏との交戦を任せていたが、自ら援軍として赴こうと考えていた。毛利氏を制圧したあとには、どうするつもりであったのか。信長は、日本全国を征服したならば、艦隊を編制して中国大陸を征服し、息子たちに中国大陸を分割支配させることを考えていた。

三男信孝が父信長から四国侵攻を任されることになった。このために、信孝は、父信長や兄信忠から多額の資金を贈与されている。それによって、信孝が大きな力を手に入れたと考えられた。信孝はキリシタンの教えに関心を抱いており、その母も彼の勧めによって教会に来ていることなど、信孝がキリシタンに好意的であることが説明されている。また、四国に遠征するために京都に立ち寄った信孝のもとを司祭が訪問していることが述べられる。この司祭とは、京都の教会にいたカリオンであると考えられる。信孝は、阿波《あわ》国に赴く前に、四国を平定したならば、イエズス会員を招聘《しょうへい》して布教できるように庇護《ひご》したいと述べている。彼は、イルマンのロレンソに対しても、四国に彼と司祭を招聘したいと述べていた。この司祭とは、やはりカリオンを想定しているのであろう。信孝は、ゆくゆくは洗礼を受けることを希望しており、また教会からもそれを期待されていたと思われる。教会にとっての先行きが明るいことが示されている。

二　光秀の軍事行動

光秀の登場

「信長の死について」には、明智《あけち》光秀《みつひで》の略歴が説明されている。光秀についてまとまった説明は、これ以前の「日本年報」などには見られない。ここでは、低い身分から身を起こしたことが述べられている。

光秀は、信長から丹波《たんば》と丹後《たんご》の二国を拝領し、毛利氏の侵攻に携わっている秀吉を援助するよう命じられている。光秀が戦術に長《た》け、勇敢で築城術に秀でていたことが述べられ、日本の支配者になろうとしたことが指摘されている。これによれば、光秀は天下を狙う野心によって本能寺の変を起こしたことになる。

同文書は、ひとつの文書であるにもかかわらず、光秀の評価が一定しておらず混乱しているかのようである。狡猾《こうかつ》な悪人であるという評価と理性的で卓越した能力の持ち主であるという評価が混在している。それは「信長の死について」が、先述のように別人の記録を基にまとめられているからであると考えられる。

次に、本能寺の変についての事実関係について確認していきたい。

天正一〇年六月一日（一五八二年六月二〇日、水曜日）、光秀は、信長父子が兵力を持たずに京都に滞在するのを見て、殺害計画を実行することを決意した。そこで、丹波国の亀山《かめやま》城に兵力を結集し、四名の重臣に謀反の意志を打ち明ける。信長と息子を殺害して天下の主《あるじ》となるつもりであると告げる。裏切ることのないよう彼らに眼前で武装させている（「史料編」12）。具体的で生々しい描写であり、近くに情報源があったかのようである。

軍隊は夜中に出発し、明け方に京都に到着する。光秀は、約三万の兵で本能寺を包囲し、打ち入っている。

ここで日付の問題に言及しておきたい。エヴォラ版『日本書翰集』では、光秀が謀反の意志を四名の家臣に打ち明けたのは「火曜日」となっている。その場合、光秀は、本能寺の変の前々日に家臣に打ち明けて、その場で武装させたことになる。ところが、これでは前日はどうしていたのかということになってしまう。

実は、「信長の死について」に記されているように、実際は「水曜日」であり、本能寺の変の前日のことなのである。なぜエヴォラ版『日本書翰集』の編集者は、「水曜日」を「火曜日」に書き換えたのか。この理由としては、二つの可能性が考えられる。

ひとつは、編集者が単純に曜日を誤記したというものである。こうした誤記は時折見られることなので、可能性がないわけではない。もうひとつは、引用文中にもう一回、「水曜日」とあるので、編集者が逆算して火曜日のことに違いないと誤解したことによって意図的に書き直したというものである。ここでは後者の可能性が高いように思われる。フロイスの「日本史」にもこのことは述べられているが、「水曜日」となっている。彼が手元に持っていた控えには原文書と同じことが記載されていたからである。

「信長の死について」には、光秀が本能寺の変の直前に四名の家臣に信長を討つことを打ち明けたことが記されている。「信長公記」には光秀の四名の重臣として、明智左馬助《さまのすけ》（秀満）・明智次右衛門《じえもん》・藤田伝五《ふじたでんご》・斎藤内蔵佐《さいとうくらのすけ》の名が挙げられているので、「信長の死について」の四名の家臣はおそらく彼らを指すものと考えられる。斎藤内蔵佐とは、斎藤内蔵助、すなわち斎藤利三《としみつ》のことである。

光秀の「家臣たちは、何事かと疑いはじめ、もしや信長の命令によって、明智は、信長の義弟である三河《みかわ》の国王〔徳川家康《とくがわいえやす》〕を殺害するつもりかと考えた」とあるように（「史料編」12）、下級の家臣は、光秀が信長の命令によって家康を討つつもりだと思っていたとされる。

実は、これと類似のことが「本城惣右衛門覚書《ほんじようそうえもんおぼえがき》」に見られる。「本城惣右衛門覚書」とは、光秀の家臣が本能寺の変について語ったとされる文書である。この文書は、寛永《かんえい》一七年（一六四〇）、当時老齢であった丹波出身の武士、本城惣右衛門が自らのかつての武勇談を短く語ったものである。現在、この文書は天理《てんり》大学附属天理図書館に所蔵されている。よく知られている史料であるが、以下に見ていきたい。

惣右衛門は、光秀の家臣として本能寺の変に際して襲撃部隊に参加していたとされる。惣右衛門がのちに本能寺の変を回想しながらまとめたものであるが、明智家の末端の家臣の認識をうかがい知ることができる。しかし、この文書にしても、信憑性を疑う向きがないわけではない。惣右衛門の回想が基になっているので、話が潤色されている可能性が否定できず、しかも照合可能な史料が存在しない。それゆえ、信憑性が高いとは断言できないとされる。

この文書では、惣右衛門は、光秀が本能寺において信長を討つものとは当初まったく思っていなかったと記している。そこには、京都滞在中の家康を討つつもりであると思っていただけでなく、攻撃目標の本能寺についても知らなかったと記されている。本能寺の変の際、光秀は、情報が漏洩《ろうえい》することを恐れて、末端の家臣には襲撃目標が誰なのかを事前に告げていなかったのである。かなりあとの惣右衛門の回想ではあるが、この点については潤色の必要性がないので事実を反映していると見てよいであろう。光秀のほかの家臣たちも、一部の重臣を除いては同様の認識であったと考えられる。

光秀が本能寺を目指した時点では、家臣たちは、光秀が信長の命令によって家康を討つと思っていたことは、「信長の死について」の記述とほぼ一致する。光秀は、目的地が本能寺であることを明確にしても標的が誰なのかは明確にしなかったものと考えられる。末端の家臣にとっては、光秀が主君の信長を討つことよりは信長の命令によって家康を討つことのほうが蓋然《がいぜん》性の高いことと思われていたのである。

光秀は、亀山城から武装した状態で本能寺に向かっている。完全な戦闘態勢で臨んだ本能寺の襲撃は、旧暦六月二日の明け方のことであった。その時点では、本能寺の近くに位置する京都の教会で、早朝のミサの準備をしていたカリオンが騒ぎを聞いている。彼は、最初は外で喧《けん》嘩《か》が起きたのではないかと思ったようであるが、その後、光秀が本能寺に信長を包囲したことを知る。

「信長の死について」には、続いて本能寺における信長の最期の様子が描写されている。信長側は、謀反など想定していなかったので、光秀軍は抵抗を受けずに容易に寺内に侵入し、信長が手と顔を洗い終えて拭《ふ》いているところを確認している。信長は、すぐに薙刀《なぎなた》を手に取って応戦したが、腕に傷を負って部屋に閉じ籠もった。信長は、切腹したとも寺に火を放って亡くなったともいわれていると記されている。

ここで信長についての興味深い記述がある。信長について、「かつて声はおろかその名だけで人々を畏怖《いふ》させた人物が、毛髪一本残すことなく灰燼《かいじん》に帰した」とある（「史料編」12）。信長の強権的性格とカリスマ性を端的に示すものであろう。

織田信忠の最期

この日、信忠は京都の妙覚寺《みょうかくじ》に滞在しており、光秀が本能寺を急襲した時点では、まだ就寝中であった。妙覚寺は、本能寺のすぐ近くに位置している。それゆえ、信忠は、危険な場所にいたのと同時に、本能寺の変をいち早く察知できる位置にいたことになる。

信忠が知らせを聞いたのは本能寺の変直後のことであった。実際には信忠には妙覚寺から避難するだけの時間的余裕があったと考えられているが、信忠は、謀反を起こすからには光秀には用意周到な計画があり、安土への道はすでに光秀によって閉鎖されているに違いないと考えた。そこで、信忠は、あろうことかその場で切腹しようとした。これは信忠の早とちりである。信忠は、切腹しようとするのを家臣に止められ、とりあえず二条御所《にじょうごしょ》の誠仁《さねひと》親王のもとに身を寄せることにした。

東京大学史料編纂所教授であった山本博文《やまもとひろふみ》氏（一九五七〜二〇二〇）は、この時点では光秀は妙覚寺にいた信忠を包囲できていなかったので、信忠には逃げるだけの余裕があったと考えている（山本博文『信長の血統』文春新書）。ところが、信忠は、妙覚寺から近くに位置する二条御所に移るだけという不適切な選択をしてしまう。二条御所には妙覚寺と同様に、武器もなく兵士もいない。信忠は、妙覚寺から何をおいても逃げるべきであった。

やがて移動先の二条御所が光秀の軍隊に包囲されてしまう。ここに至って、信忠の運命は決まってしまったのである。京都所司代の村井《むらい》貞勝《さだかつ》は、光秀の軍隊に使者を派遣して、誠仁親王が切腹すべきか否か尋ねている。光秀は、誠仁親王は無関係なので二条御所を出てもかまわないと返事をしている。

そこで、信忠は、誠仁親王を逃がすと、自らは二条御所において明智軍と戦うことを決意した。光秀の軍隊は二条御所を攻撃し、信忠は、これによく応戦したが、やがて力尽き、建物が焼けて信忠らは焼死している。貞勝も、同様に討ち死にしている。勇猛果敢な性格であった信忠であるが、その性格ゆえに逃げるという選択肢を考慮しなかったのであろう。それが彼の命取りになってしまった。ここに光秀は、信長だけでなく嫡男信忠をも討つという目的が達せられたのである。

信忠を討ったあと、光秀の家臣たちは、それぞれが手柄を立てるために京都において信長の家臣狩りともいえる行為を始めている。そうしたこともあって、光秀の軍隊が京都に放火するのではないかと懸念された。キリシタン教会は、信長の庇護を受けていたので、光秀からは敵視されて放火されるのではないかと危惧《きぐ》していた。しかし、光秀の軍隊は、京都において放火などはせず、教会にも危害を加えることはなかった。光秀が配下の者たちに放火を禁じていたからである。

アフリカ系の家臣

こうした中で、光秀の軍隊どころか光秀本人と接触できたと思われる人物がいる。当初は巡察師ヴァリニャーノに従者として仕えていたが、彼が信長に謁見した際に気に入られて、信長に献上されて家臣になったアフリカ系の人物である。従者といえば聞こえがいいが、実際には教会が所有していた奴隷であったと考えられる。

一五八一年四月一四日付、都発、フロイス執筆の日本在住のあるパードレに送った書翰には、この人物についての記述がある。この書翰は、エヴォラ版『日本書翰集』には「一五八一年の日本年報」として収録されている。これ以外に、フロイスは「日本史」でもこの人物に言及している。

天正九年二月二五日、信長がこの人物に関心を持ったのでオルガンティーノが信長の面前に連れて行ったところ、信長は彼が肌を黒く染めたのではないかと疑い、眼前で着物を脱がせて身体を洗わせたが色が落ちなかったので納得したと記されている。「信長公記」には、この人物は、「黒坊主」と表記されており、日本語を少し話せたようである。信長の家臣として目立つ存在であったと思われる。

本能寺の変の時点では、この人物は信長のもとにいたが、事態を信忠に知らせるために、本能寺を抜け出して信忠のいる妙覚寺に向かったようである。彼は、戦っているところをある家臣に見つけられ、その家臣が刀を差し出すよう促したところ指示に従ったとされる。光秀に指示を仰いだところ、その人物は、動物であって何も知らないので、パードレたちのいる教会に預けるよう命令した（「史料編」14）。

この人物は、光秀に直接会ったか、あるいは何らかの方法で接触したのである。このことが報告されているということは、この人物が教会に無事に保護されたからであろう。京都において彼が教会に赴いたとなると、そこにいたカリオンのもとに赴いたはずである。彼の話を聞いて、カリオンらは、少し落ち着きはじめたとあるので、光秀が教会には手出ししないことを確認したものと思われる。本能寺の変後、光秀は無用な戦闘や殺人は避けようとする傾向があるといえよう。ただし、この人物がその後どうしたのかは不詳である。

家康については、数日前に都を退去したと記されているが、もし彼が都にいたならば、同時に光秀の標的となっていたはずであるとも指摘されている。キリシタン教会は、家康がほかよりも堅固な京都の教会に宿泊を希望するのではないかと危惧していた（「史料編」14）。もしそうなれば、教会も光秀の攻撃対象になり得るからである。キリシタン教会は、家康など信長の家臣たちと密接な関係にあったのである。

安土への道のり

正午頃、本能寺の変の知らせが安土に伝わっている。明け方に京都で起きた出来事が正午に安土に伝わったのであるから、早い伝播《でんぱ》であったことがわかる。光秀は、午前八時か九時に都を離れて、坂本城《さかもとじょう》に向かった。信長のある家臣が、光秀が安土に通行することを妨げるために途中にある橋を落とした(「史料編」15)。この橋とは、瀬田橋《せたばし》のことであると考えられている。安土にいたイエズス会士たちは、この時点では何が起きたのか把握できなかったようである。

しかし、光秀がこの橋を土曜日、つまりわずか二日後には再建したというが、瀬田橋が再建されるまでは、光秀は安土に入れなかったことになる。光秀は、坂本城に移動してから安土に入ることができずに二日間も足止めされてしまったのである。それでも光秀は、安土を目指したが、援軍を要請しなければならない時期に、安土入りのために二日間を費やしたのは適切であったのか疑問の残るところである。

安土城址

三　オルガンティーノらの逃避行

オルガンティーノらの安土からの逃避行

「史料編」16でカリオン書翰からダルメイダ報告に記述が移っている。

天正一〇年六月二日（一五八二年六月二一日、木曜日）、安土では、オルガンティーノらは、この事態への対応を協議したうえで神学校の生徒たちを連れて琵琶《びわ》湖にある沖島《おきのしま》に避難することにした。そして、ヴィセンテ修道士など一部の者が安土に留まることになった。

旧暦六月三日金曜日に、オルガンティーノは、二八名の者たちと船で安土から琵琶湖の沖島への脱出を図った。木曜日と金曜日にそれぞれ協議して、金曜日に脱出を図ったとされている。この協議の結果であろうか、イルマン・ヴィセンテなど、七、八名が安土の教会に残ることになった。この直後に、オルガンティーノに随行したイルマン・ダルメイダが述べたことが挟み込まれている。以下がオルガンティーノらの安土からの逃避行の記述である。

本能寺の変を受けて、安土が大混乱に陥ったことが記されている。近江国《おうみ》のある武将が光秀に与《くみ》するために安土にある自分の屋敷に放火したというのである。この混乱の中、安土の教会にいたオルガンティーノらは、安土からの逃避行を試みている。まず安土の教会にいた者たちが琵琶湖の沖島に避難しようとしている。彼らは、そこから坂本に移動し、さらに京都に向けて逃避行を続けている。この逃避行は、奇跡的に成功したようである。

ダルメイダは、聖像付十字架と小さな聖母像を携え、一行は、銀の燭台《しょくだい》、吊《つ》り香炉、舟形香入れ、聖杯、巡察師ヴァリニャーノが同所に残した緋色《ひいろ》のビロードの装飾を避難させることにした。途中、ジョアン・フランシスコとディオゴ・ペレイラが遅れて来たので、追剥《おいはぎ》にあっている。信用しかねる異教徒の船に乗ることになったが、唐突に「盗賊」の船に乗ることが記されているので、自分たちを避難させることを琵琶湖の海賊と取引したのであろう。目的地の沖島に着くと、盗賊たちは、事前の約束を無視して所持品の半分を要求してきた。オルガンティーノが盗賊の盗品の中に貴重品を隠し、その後は別の場所に隠させた。彼の機転によって貴重品はひとまず奪われなかったが、盗賊が貴重品を奪ったうえで一行を殺害する可能性は払拭《ふっしょく》できなかったようである。盗賊に貴重品が見つかってしまえば、彼らに用はないとばかりに殺害される可能性があるからである。

ダルメイダは、まだ若かったが病身であったので、普通の人並みに動くことは叶《かな》わなかったようである。彼は、その三年後に病死しているので、このとき、すでに著しく健康を害していたのであろう。ダルメイダの記述の中心人物はオルガンティーノであるが、時折ダルメイダが一人称で顔を出している。

オルガンティーノは、逃避行の途中、光秀の息子にわざわざ会いに坂本城に赴いている。これは、一五八二年六月二二日の金曜日のことであろう。その結果、光秀の息子が自分の家臣をオルガンティーノの案内役に随行させようとしている。オルガンティーノと光秀の息子は懇意であったと考えられる。光秀がこのことを知らなかったとは記されていない。光秀は、右近《うこん》への仲介を依頼するために、オルガンティーノを探していたのである。光秀は、むしろオルガンティーノを待っていたのではないか。のみならず、光秀は、キリシタン、とりわけ高山《たかやま》右近が敵であることを知っていたとされている。

右近宛の書翰

光秀の側近に、あるキリシタンの甥《おい》がいた。彼自身は異教徒であったとされている。

光秀は、家臣の誰がキリシタンなのかをおおむね把握していたものと思われる。ただし、光秀が右近との交渉が成功すると期待していたとは考えられない。この甥は、光秀から高山右近のもとに同盟を求める使者として派遣されることになった。「信長の死について」には、次のように記されている。

18　我々がこの若者と一緒に明智の本拠である坂本城に着くと、この小姓は、このときは味方につくよう要請するために明智からの伝言を持ってジュスト〔右近〕のもとに赴くことになった。そして、パードレ・オルガンティーノへの伝言を持っていた。そこには、ジュストとともにこれを片づけるよう彼に要請している。パードレは、時宜に応じた大変よい言葉を彼に答えた。これについては彼が要請したように日本の文字で認《したた》めた一通の書翰を彼に与えたが、彼は、ポルトガルの文字で認めたもう一通の書翰をも彼に与えた。そこには、日本語の別の書翰とは反対のことが彼に認められており、たとえ我々すべてが十字架にかけられようとも、それが我々の主への奉仕なので、決してこの暴君の友人とはならないよう彼に述べた。パードレ・オルガンティーノが明智の一人の息子〔十五郎〕を訪ねに城に赴いたところ、街道がすべて占拠されているので、彼〔十五郎〕は、主要な彼の守役を都まで我々に同行させることを望んだが、パードレは、なおも彼の書翰のみで十分であると懇願した。彼は、その書翰をすぐに与えさせたが、これは有効であった。なぜならば、パードレが二〇名を先に行かせたところ、彼らは途中で捕らえられたが、前述の書翰を見せると通行を認められたからである。

光秀の側近でもあったキリシタンの甥は、安土に残ったイルマン・ヴィセンテと一行を救出するための船を用意した。その船を利用することで一行は助かり、隠匿していた貴重品も無事に手にすることができたのである。その若い甥は、光秀の右近宛の書状を携えていた。しかも、彼は、オルガンティーノ宛の伝言を持っていたというのである。書翰を携えていたか、あるいは彼に口頭で伝えるべきことを指示されていたのであろう。光秀は、キリシタン教会の人脈を利用しようとしていただけでなく、オルガンティーノが坂本城に来ることを知っていたか、あるいは期待していたのである。

ここには、エヴォラ版『日本書翰集』とイエズス会文書とのあいだに相違が見られる。エヴォラ版『日本書翰集』には、あるキリシタンの甥が右近宛の書翰のみを持参していたことになっているが、イエズス会文書では、その甥が右近宛の書翰のみならず、オルガンティーノ宛の書翰を持参していたか、伝言を聞いていたことになっている。

また、エヴォラ版『日本書翰集』では、オルガンティーノは、この人物にポルトガルの文字で認めた右近宛の書翰を託したことになっている。彼は、おそらく右近だけが読めるように、ローマ字表記をした日本語の書翰を託したのであろう。しかし、イエズス会文書では、オルガンティーノは、日本語で日本の文字で認めた書翰とポルトガルの文字で認めた書翰の二通を託したことになっているのである。その内容はといえば、日本の文字の書翰では右近に協力を促し、ポルトガルの文字のほうでは、たとえ自分たちが十字架にかけられようとも協力してはならないと述べた。

使者のほうは、もちろん日本の文字は読めるであろうが、ポルトガルの文字、すなわちローマ字は読めないので相反する内容が記されているとは考えなかったのであろう。オルガンティーノは、自分では書翰をローマ字で書き、もう一通は日本人が日本の文字に直したので自分の書翰であることを証明するために両方が必要だと使者を説得したに違いない。日本の文字で書翰を認めたのは、この時点で彼に同行していた日本人修道士ヴィセンテであったと考えられる。オルガンティーノは、光秀からの使者を逆に利用しようとしたのである。彼が使者を騙《だま》すことになり、あまり感心したやり方ではないので、エヴォラ版『日本書翰集』の編纂《へんさん》者はこの部分を簡略に書き直したのではないだろうか。なお、オルガンティーノは、使者に自らが被《かぶ》っていたものであろうか、ポルトガルの帽子を礼として贈っている。

ここで注目すべきは、オルガンティーノが光秀の息子に会うためにわざわざ坂本城に赴いていることである。

この光秀の嫡子は、「細川家文書」に名前の見られる「十五郎」であると考えられる。オルガンティーノらが彼と会ったときの様子はまったく記されていない。しかし、彼は、以前からオルガンティーノとは面識があったのである。彼自身は、キリシタンではなかったが、キリシタン教会とは近い位置にいたと思われる。自分の家臣を京都まで避難するための案内役に付けることを申し出たが、オルガンティーノは、通行を保証する書状を受けるだけで十分であると答えている。この書状はその後、オルガンティーノを除く一行二〇名が京都に赴くのに役に立ったという。

光秀の息子は、オルガンティーノらのことを気遣って家臣を都まで同伴させようとしているように、かなり利口な少年であったと思われる。他方、父親の光秀が、このような状況で、オルガンティーノが息子に会いに坂本城に来ることを知っていたと考えられる。光秀自身はキリシタンではなく、改宗する意図もなかったと考えられるが、キリシタン教会とは非常に近い位置にいたことになる。

光秀は、かつての村重《むらしげ》の謀反の状況から、オルガンティーノが自分に与しないであろうことを予想していたはずである。実際に、ダルメイダによれば、光秀は、キリシタン、とりわけ高山右近が自分に与しないことをわかっていたというのである。

オルガンティーノとその周辺の者たちは、光秀自身がかなりむずかしい状況に置かれていることをわかっていたと考えていたのである。こうした状況のもと、光秀は、オルガンティーノを始めとするキリシタン宣教師にあえて手出ししようとはしていない。光秀がキリシタン教会に危害を加えていないのがあたかも偶然であるかのように説明しているのは、カリオン書翰を基にしている部分であり、ダルメイダ報告を基にした部分にはそのような記述は見られない。光秀が冷静な判断を下していることを、ダルメイダは理解していたのである。

四　光秀の外交交渉

カリオン書翰の後半

「史料編」20は書き出しからして、ここから出典が変わったことがうかがえる。話題の中心となるのはオルガンティーノらの動向ではないので、以下は出典が再びカリオン書翰に戻ったものと考えられる。当然、以下の「私」とは再びカリオンを指すことになる。本能寺の変後の光秀を中心とする概略的説明になっており、時系列に従って記述されている。ここまでの安土からの逃避行の話とは筆致が明らかに異なっている。光秀は、信長の家臣たちが逃げ去ってほぼ無人となった安土城を容易に占拠している。

光秀の進軍を妨げるために破壊されてしまった瀬田橋の再建が土曜日には成ったので、光秀は、土曜日に安土城入りしたことになっている。

安土城を占拠したあと、光秀は、安土城の財宝を家臣たちに与えている。労せずして得たものなので、気前よく与えてしまったのであろう。また、これらの財宝は、今後同盟関係を結ぶようほかの大名たちを説得するための材料ともなったと思われる。光秀が「日本の内裏には、二万数千クルザードを贈った」とあるように、正親町《おおぎまち》天皇にも財宝を献上したことになっているが、この記述はエヴォラ版『日本書翰集』には見られない。また、五山《ござん》の各寺院に対して信長の葬儀を行なうという名目で七千クルザードを贈っている。七千クルザードは、日本の千両に相当するとされている。光秀にしてみれば天皇の権威を利用することがあり得ると考えたのかもしれないが、エヴォラ版の編纂者にしてみれば、悪者は光秀一人にしておきたいので、削除することになったものと推測される。光秀は、安土を離れて河内《かわち》と津国《つのくに》（摂津国）に赴いたので、安土は著しく混乱してしまい、多数の死者が出たとされている。

安土の教会は、新築で、なおかつ工事中であったが、オルガンティーノらが持ち出せたもの以外はすべて略奪されたという。安土にはイエズス会の上教区の財産のほとんどが集められていたので、被害額が大きくなり、全部で二千八百クルザード以上にものぼったという。なお、当時の日本イエズス会の年間必要経費が約一万クルザードであるとすると、その三割近くにものぼる。

信孝は、堺《さかい》にいて四国遠征に赴こうとしていたところであったが、謀反を知ると引き返して、大坂《おおさか》にいた津田《つだ》信澄《のぶずみ》を謀殺している。信孝は、最初は光秀と一戦を交えるつもりであったが、信孝の軍隊が寄せ集めのいわば烏合《うごう》の衆であったので、彼らは本能寺の変を聞いて臆《おく》して逃亡を図り、戦える状態ではなくなったというのである。信孝の置かれた立場がわかるようなエピソードである。

信孝が信長の甥で光秀の娘婿である津田信澄を謀殺したことが述べられているが、その方法はあまり感心したものではない。信孝は、信澄を討ったとはいえ、その方法たるや強引で卑怯《ひきょう》なものであったといわざるを得ない。キリシタン宣教師にしてみれば、信孝はキリシタンの教えに関心を示しているとはいえ、あまり信頼のおける人物ではなかったと思われる。信澄は、信長の弟の息子であり、信孝にとっては従兄弟《いとこ》にあたる。しかも、信澄の妻は、光秀の娘である。このことを口実にして、信孝は、信澄の殺害を図ったものと思われるが、信澄が信長の甥であることが信孝にとっては脅威だったのであろう。

信孝が信澄を殺害するために考えた方法は、自分に内通している五郎左衛門という信澄の家臣と偽りの諍《いさか》いを起こして、その勢いで信澄を殺害しようというものであった。信澄は、警戒して容易に彼らを城内に入れようとしなかったので、信孝は、強引に信澄を攻める方法に切り替えたのである。結局、信澄は自刃に追い込まれたか殺害されたかははっきりしないが、信孝は、信澄を殺害するという当初の目的を達成し、彼の首を堺に晒《さら》している。

カリオンは、信澄が暴君であるがゆえに、すべての者は彼が滅びることを望んでいたと述べているが、ここまで詳細に記述されてしまうと、これを読んだ者の印象は信澄よりは信孝に対して否定的になることであろう。信孝が戦いを避けようとする信澄を殺害した方法は、どう考えても肯定できるものではない。

ここでは述べられていないが、光秀にとっては娘婿の信澄が殺害されたのであるから、今後の計画のためには著しく不利な要素であると考えられる。カリオンは、光秀が毛利氏との戦争のために留守に近かった摂津《せっつ》国の諸城を占拠しなかったことが敗因であると説明しているが、光秀が山崎《やまざき》の戦いにおいて摂津衆に敗れたので、このように記しているのであろう。

天正一〇年六月三日（一五八二年六月二二日、金曜日）、光秀は、安土城に進軍するために橋の修復を進めている。この時点では、光秀は、坂本城に留まっていたものと思われる。この日、光秀から細川《ほそかわ》家に協力を要請するための書翰を送っており、この時点で、高山右近にも同様の書翰を送っている。

光秀は、右近が自分に与してくれるものと思い違いをしていることになっている（「史料編」24）。しかしこれは先ほどの、光秀は右近が自分の敵であることを知っていたという記述とは矛盾する。こうした矛盾は執筆者または話題提供者が異なるからであると考えられる。光秀は、右近が自分に与しないことがわかったあとも、右近の妻子や宣教師たちを人質にできる状況であったにもかかわらず人質に取ることはなかった。カリオンは、これは光秀が見過ごしてしまったからだと考えている。のちの記述とは矛盾するが、これはカリオンの記述であるから光秀の性格を理解していなかったのであろう。光秀の謀反が荒木《あらき》村重の謀反と比較されているが、カリオンには周囲の状況がかつての出来事と似通っていることはすでにわかっていたようである。

光秀の家臣たちが、右近が自分たちに味方すると思っていたのは、たしかに何かの誤解には違いない。しかし、光秀が家臣たちにそういうことによって、家臣たちは、キリシタン宣教師、少なくともオルガンティーノが光秀に好意的であったので、右近も光秀に与するはずであると考えたのではないだろうか。実際に、光秀の家臣たちは、そう受け取っている（「史料編」24）。明智家がキリシタン教会、とりわけオルガンティーノとは近い関係にあったことが、光秀の家臣たちをこのように誤解させる下地になっているものと思われる。

オルガンティーノが右近に対して、右近が戻ったあと、たとえ光秀がイエズス会士たちを十字架にかけるようなことがあったとしても、自分たちは聖務のために死ぬのであるから気にかけないように認めたと述べている。先のダルメイダ報告とほぼ同内容のことがここで繰り返し記述されていることになる。

もし、ダルメイダ報告が書翰の形では存在しないという前提であるならば、これは重複して記述したことにはならない。これらの記述は執筆者または話題提供者が異なると考えるのが妥当であろう。ダルメイダ報告それ自体が独立しているので、このような重複が生じたものと考えられる。

天正一〇年六月四日（一五八二年六月二三日、土曜日）、この日に光秀が瀬田橋の修復を終えて安土に進軍したとされている。この時点まで、光秀は、坂本城にいたようである。

天正一〇年六月五日（一五八二年六月二四日、日曜日）から天正一〇年六月一一日（一五八二年六月三〇日、土曜日）までの七日間、同文書には日付を示したうえでの記述が見られない。この間、光秀は、援軍の要請と態勢の立て直しを図っていたものと考えられる。

光秀の行動

光秀が京都に向けて軍隊を動かした状況から、光秀が信長の命令によって家康を討つことを計画していたと思われた。信長が家康を討とうとすることはあり得ることと認識されていた。家康は、都を離れたばかりであったので、まだ光秀が討つことが可能な場所にいたことになる。「信長の死について」には、光秀は右近が自分に協力すると思い違いをしていたと述べられている。これはカリオンの見解である。ダルメイダ報告の部分では、光秀は、右近が敵であることを知っていたとされている。ここでも、ひとつの文書に相反する見解が混在しているのは、その情報源が異なるからである。

それでは、光秀は、右近が自分に味方すると本気で考えていたのか。荒木村重の謀反の際、村重の家臣であった右近を説得しようとしたのが当のオルガンティーノであったことを考えれば、この可能性は低いものと思われる。光秀の行動について、同文書には本能寺の変の二日後から山崎の戦いまでの期間が空白になっている。イエズス会士たちが自身の経験を基にしてまとめたものである性質上、これは仕方のないことであろう。この間、光秀は、最初は坂本城にいて、のちに安土城へと場所を移しながら、諸大名に自分の味方になるよう説得工作をしていたと思われる。具体的には、細川家に対して行なっていたように、家臣に書翰を持参させて使者として派遣したのであろう。

光秀は、人質を取ることが有効であるとわかっていながら、高山右近を始め関係者から人質を取るようなことはしていない。右近が自分に与しないとわかってからも、右近から夫人ジュスタを人質として取ったりしていないのである。

光秀は、人質を取れる好機を逃しているのではなく、あえて卑劣と思われるような行動を避けているようにも思われる。光秀は、右近のみならず、キリシタン教会や宣教師個人に対しても行動を束縛しようとはしていない。ここでは、光秀の軍隊が規律を保っていたことが記述されている。光秀は、自らの敗北を覚悟していたのか。光秀の軍隊が破壊行為を率先して行なうことはしていない。

天正一〇年六月九日（一五八二年六月二八日、木曜日）、光秀は、京都に移動している。「細川家文書」には、このときに細川父子に送った協力要請の文書が伝存しているが、その内容からそれが二度目の要請であったことがわかる。

天正一〇年六月一〇日（一五八二年六月二九日、金曜日）、細川父子と筒井《つつい》順慶《じゅんけい》から、味方になることを拒否されている。光秀は、河内に移動したものと考えられる。翌日、秀吉の軍隊が尼崎にまで迫っていることを知る。

五　山崎の戦いと坂本城落城

山崎の戦い

天正一〇年六月一二日（一五八二年七月一日、日曜日）、光秀は、京都の下鳥羽《しもとば》にいた。翌日には山崎に軍隊を動かすことになる。

この日の光秀の行動で特筆すべきことは、将軍足利義昭《あしかがよしあき》の上洛《じょうらく》を要請する書状を、土橋重治《つちばししげはる》に発給していることである。その写しが、東京大学史料編纂所所蔵の「森家文書」に収録されている。これをもって、光秀が義昭と通じていたと説明されることがあるが、義昭と謀反の前に通じていたことは証明されていないので、光秀が義昭を奉戴《ほうたい》しようとしたとしても事後に要請したと考えるべきであろう。「信長の死について」には、天正一〇年六月四日に光秀が安土城を占拠したあとに「日本の内裏には、二万数千クルザードを贈った」（「史料編」20）と記されているが、将軍義昭に贈ったという記述は見られない。

天正一〇年六月一三日（一五八二年七月二日、月曜日）、光秀は、八千から一万人ほどの軍隊を率いていた状態で高槻《たかつき》に向かっていた。秀吉の軍隊が迫っていることを知ると、高槻からはそれほど遠くない山崎に向かった。そこで、秀吉の軍隊と戦うことになるのである。いわゆる山崎の戦いである。毛利氏と交戦していた秀吉が毛利氏と和議を結び、急遽《きゅうきょ》軍隊を反転させる「中国大返し」を行なったあとに、山崎の戦いで光秀の軍を破ったのである。高山右近、中川清秀《きよひで》、池田《いけだ》恒興《つねおき》の三名がそれぞれ分かれて光秀の軍隊を迎え討つことになった。中川が山上を進み、池田が淀川《よどがわ》沿いに進んで、右近が山崎に留まるというものであった。

事前に光秀の軍隊を迎撃するための陣形を組んだわけではなく、三者が分かれて進軍したところ、光秀の軍隊に偶然に遭遇したのが右近の軍隊であったことになっている（「史料編」26）。右近が光秀の軍隊を撃破したのは、偶然位置的に光秀の軍隊と遭遇したからに過ぎず、戦闘前に軍議を開き、計画的に陣形を組んだりしたわけではないというのである。

秀吉の軍隊は、先を行く彼らに合流できなかったようである。ここでは、光秀の軍隊を撃破したのは、秀吉の軍隊というよりは事実上右近の軍隊であったとされている。しかも、右近の軍隊が光秀の軍隊を華々しく撃破したかといえば、必ずしもそうとはいえず、合戦それ自体は大きなものではなかったことになっている。しかも、背後にいた秀吉の軍隊は疲れていたので到着できなかったとされている。

右近が光秀を破ったことについて、信孝は、右近がキリシタンだからうまくいったのだと、キリシタン教会の歓心を買うような調子のいいことをいっているだけとも受け取れる（「史料編」26）。信孝については、キリシタンの教えに関心を示していながらも、終始間の抜けた人物として描写されている。

光秀の軍隊は、山崎の戦いで敗走すると京都や坂本へと散っていった。京都の教会からは敗走する兵士が見えたが、教会前を全部が通過するのに二時間かかったということである。

明智一族の自刃

天正一〇年六月一三日（一五八二年七月二日、月曜日）夜または翌日未明、光秀は、坂本城へ向かう途中で農民たちによって殺害されている。坂本城では明智秀満《ひでみつ》が立て籠《こ》もっていたが、右近の軍隊が坂本城を包囲した状態で、籠城《ろうじょう》した明智一族は自刃しており、これによって落城している。オルガンティーノとカリオンが本能寺の前を通っているが、この時点では状況が安定したようである。

あるキリシタンの話として、手柄として首を献上するために、山崎の戦いに参加していなかった者が近隣の無関係の村人を殺害したという事例が記されている。大勢が殺害され、確認できるだけでも二千もの首が並べられたという。光秀は、山崎の戦いのあと、坂本城に赴く途中殺害され、殺害者は光秀の首を放置していたが、別の者が信孝に献上したという。信孝は、光秀の遺体を十字架にかけて晒したのである。

山崎の戦いのあと坂本城に立て籠もった明智一族については、「信長の死について」には、次のように記されている。

29　安土を逃れた既述の明智の武将は、明智の妻子、家族、そして親類がいる坂本城に入った。まもなく次の火曜日〔一五八二年七月三日、天正一〇年六月一四日〕には羽柴殿の軍隊がそこに到着した。その城は安土城を除けば全五畿内にある中では最良で最も壮麗なものであった。しかし、すでに多数の人々がそこから退去し、逃走していた。かの殿〔秀満〕は、ほかの武士たちと一緒に軍隊が到着するのを見て、またすべての者のあいだで最初に入城した者がジュストであるのを見て、彼らは、高山右近殿よ、こちらに来なさい、と彼を呼んで、大量の黄金を窓から海〔琵琶湖〕に投げ捨てはじめた。その後、彼らは、我々は敵の手には落ちない、といって、最も高い塔に入り、こうして閉じ籠もると、彼らは、最初に女性と子どもをすべて殺害し、続いて塔〔天主閣〕に放火して彼らも切腹した。明智の二人の息子もそこで死んだといわれているが、彼らは、ヨーロッパの王子たちのような優美な人たちであり、長子〔明智十五郎〕は一三歳であった。彼らは避難したともいわれるが、現在まで彼らが現われていないので、そう〔死んだ〕であろうと思われる。

「次の火曜日」とあるが、火曜日は同日である。この時点ですでに逃亡する兵士も出はじめていたようである。そこに秀吉の軍隊が到着したというのだが、実際には秀吉軍の先鋒《せんぽう》を務めていた右近の軍隊であったとされている。秀吉の軍隊が背後にいるという情報が、光秀の軍隊を浮足立たせたのであろう。

右近の軍隊は坂本城を包囲した。明智家の者たちは籠城しながら城内で自刃しているので、実際に右近の軍隊と戦うことはなかったようである。このとき、坂本城を守っていたのは、光秀の家臣であり、娘婿でもあった明智秀満である。明智一族の自刃は、秀満の判断によるものであったと考えられる。

山崎の戦いでは偶然に右近の軍隊と対戦することになったとされるが、右近が坂本城を包囲したのは明らかに意図的なものであった。明智方が籠城する城の傍に右近を呼びつけておいて琵琶湖に財宝を投げ捨てるとは何とも恨みがましい行為である。間近で見た者が証言したかのようであるが、この状況をキリシタン教会の関係者に説明できるのは、先鋒を務めた右近自身のほかにはいないであろう。このことは、右近本人が後日オルガンティーノかカリオンに証言したことを基にしているものと考えられる。この内容に近いことは、史料価値が低いとはいえ日本側のいくつかの史料にも記述されている。山崎で光秀の軍隊を破ったのも、坂本城で明智一族を籠城させ、自害させたのも、ほかならぬ高山右近であった。結果的に、右近が要所で光秀の息の根を止めるようなことを行なっているのである。

明智一族が坂本城で自刃したので、光秀の息子たちもこのときに坂本城で亡くなったと見られている。光秀には息子が二人おり、長男が一三歳であったということは、オルガンティーノらは彼らに会いに坂本城に赴いていたように、彼らと面識があったはずなので、正確な情報であろうと思われる。彼らがヨーロッパの王子たちのようだったというのは、面識があったからこそいえることである。この部分はカリオンが執筆したと考えられるので、これはカリオンが彼らを見た率直な感想だったのではないか。

享年一三の長男とは、「細川家文書」の書状にその名前が見える十五郎であると考えられる。光秀の二人の息子が生きているという噂もあったが、出てきていないので亡くなったものと思われるとしている。これは、彼らが世に出るということではなく、彼らが生きていれば何らかの形で教会に連絡を取るはずであるといいたかったのではないか。

戦乱の終結

天正一〇年六月一五日（一五八二年七月四日、水曜日）、安土城が信長の息子によって放火されたという。安土の情報がどのような経緯で伝播したのかはわからないが、京都にまで伝わったようである。

天正一〇年六月一六日（一五八二年七月五日、木曜日）、光秀の首と遺体が本能寺に運ばれている。

天正一〇年六月一七日（一五八二年七月六日、金曜日）、光秀および斎藤利三の遺体が京都に晒されている。

光秀と利三の遺体が晒されたことは、「信長の死について」には記されていない。キリシタン教会では、このことを把握していなかったか、あるいはあえて言及するには及ばないと考えていたのかもしれない。秀吉は、謀反の首謀者の遺体を晒すことによって、この謀反を鎮圧したことを示す狙いがあったものと考えられる。

天正一〇年六月一八日（一五八二年七月七日、土曜日）、主戦、つまり山崎の戦いの五日後、戦乱がやんだとされている。フォルラネートが堺から京都に来たが、その際に川、おそらく淀川を五百以上の死体が流れていたことを目撃している。この間、光秀に味方した者たちが殺害されており、一万人以上が亡くなったといわれていた。また、戦さのみならず略奪行為も行なわれていたことが記されている。キリシタン教会では、この時点で、本能寺の変後に起きた内戦が終結したと捉《とら》えていた。

明智方の残党狩りが行なわれ、光秀に与した三ケ《さんが》瀬照《よりてる》・頼連《よりつら》父子は逃亡を余儀なくされた。異教徒によって、三ケは放火されたとされている。そのため、三ケの領地は、キリシタンの維持が困難かと思われたが、キリシタンの結城《ゆうき》忠正《ただまさ》の領地となったので、継続が可能であると推測されている。三ケ父子は、逃げ延びることができないと見られている。右近には、自領の高《たか》山《やま》に隣接する能勢《のせ》郡という優良地が与えられた。

ところで、岐阜にいたセスペデスからの報告が京都の教会に届いている。セスペデス書翰の日付などの情報はわからないが、書翰であると記されているので口頭報告などではないことは明らかである。このセスペデス書翰の要旨が述べられており、それによれば、本能寺の変のとき、セスペデスは、大垣《おおがき》のキリシタンのチィアンという人物の家にいたという。美濃国全土が混乱していたが、大垣は平穏であったということである。このため、セスペデスは、本能寺の変の影響をそれほどは受けなかったようである。

セスペデス書翰の引用は、一体どこまで続いているのか。カリオン書翰との境界線がわかりづらいが、セスペデス書翰の内容は長くは引用されていないと思われる。カリオンがセスペデス書翰には本能寺の変について特筆すべき内容が含まれていないので省略したのであろう。もちろん、フロイスは、セスペデス書翰の現物を確認してはいないと考えられる。

安土城の焼失

安土城は、信長の息子の放火によって焼失したことになっている（「史料編」28）。安土城の焼失は放火によると考えられることが多い。ここでは信長の息子が放火したとあるだけで、どの息子が放火したとは記されていない。天正一〇年六月一五日に安土城が焼失したのであれば、光秀の退去後なので、彼が放火した可能性はない。安土に残留した光秀の家臣が放火した可能性さえも否定されている。この家臣とは、光秀とは別行動をとった明智秀満であると考えられる。

その後、フロイスは、『日本史』において、信長の次男信雄が安土城に放火したと見なしているが、「信長の死について」が執筆された時点では、安土城に信長の息子が放火したという噂しか立っていなかったか、あるいは放火したと名指しされた人物がほかにいたが、カリオンがその人物の可能性が低いと考えたからであると推測される。この時点では、安土城に放火した信長の息子の名前が示されていない以上、フロイスにはこの人物の推定はできなかったものと考えられる。

カリオンは、安土城に放火したのは信長の息子であるという噂を聞いたが、それが誰かがわからなかったものと考えられる。「信長の死について」では、最初に信雄を「御茶筅《オチャセン》」として紹介しているので、カリオンが彼の名前を把握していなかったわけではない。いずれもカリオン書翰となる部分である。従って、「日本史」において、信雄であるとしたのは、フロイスのあとの判断によるものであることになる。

カリオンが信雄の名をわかっていたとすれば、この場所で彼の名前が抜け落ちた理由はわからない。安土に放火したのが信長の息子であるとすると、該当する可能性があるのは、次男信雄、三男信孝、四男秀勝《ひでかつ》までであると考えられる。長男信忠は、本能寺の変で亡くなっており、五男勝長《かつなが》は信忠と行動をともにしていたうえに、まだ幼かったと考えられる。三男信孝は、信長から四国出兵を命じられており、その準備をしていたはずである。彼が本能寺の変の直後に安土に足を踏み入れた形跡はない。四男秀勝は、秀吉に従って中国に赴いており、安土からは完全に離れている。

フロイスは、「日本史」を執筆する際、放火したのが「信長の息子」であることを前提としてこのように考えたのであろう。この論理でいえば、安土城に放火したのが信長の息子であるならば、信雄であると見るのが妥当ということになる。

政権の行方は

信長の死を受けて、信忠の一歳の息子（秀信《ひでのぶ》）が長じるまでは、三男の信孝が後見人として政権を担うことになるであろうといわれていたようである。しかし、それでも諸国の分配は紛糾することになるに違いないと述べられている。政権に求心力が失われることは避けられないと見られていたのであろう。

信孝については、この数カ月、日本人修道士ロレンソが贈ったコンタツを身に着けているという。コンタツとは、ロザリオとも呼ばれ、キリシタンが聖母マリアへの祈りの際に使用する数珠《じゅず》状の用具のことである。これによって、祈りの回数を数えるのである。信孝は、コンタツを身に着けることによって父信長の反応を見ており、信長がこれに怒ることがなければキリシタンとなることを考えているという。しかし、これは信孝がまだ力を持つ前のことであり、今や信孝は、父信長から四国侵攻のための資金と軍事力を与えられている。こののち、信孝が実権を握るようなことになれば、キリシタン布教は大きな成果を収めるであろうが、父信長のように傲慢《ごうまん》にならないとも限らないといっている。これは、先の長男信忠の事例から危惧されていることであろう。

ここで特徴的なのは、信孝がキリシタンの教えに関心を持っているという以上に、父信長の顔色をうかがいながらキリシタン宣教師たちに媚《こ》びるような真似をしていることである。信孝は、キリシタン教会に自分の後ろ盾になってほしいと思っていたのであろう。下心が見えているというには、あまりにも露骨なやり方であろう。

なお、本能寺の変によって信長の莫大《ばくだい》な財産が焼失している。とりわけ、信長が所蔵していた茶の湯の道具六〇点以上が失われた。日本人修道士のヴィセンテによれば、そのうちの二点だけで、三万五千クルザード以上になるものであったという。ヴィセンテは、安土からオルガンティーノに従って京都まで避難して来たので、事情にくわしかったのであろう。信長は、家康などに見せるために、ほとんどすべての茶道具を京都に持参していたとされている。信長の富は失われてしまったが、その富が日本を荒廃させてしまったといって、これを喜ぶ者もいるというのである。

信長は、優れた才能を持ち、的確に支配したが、その傲慢さゆえに身を滅ぼした。光秀も、同様に身を滅ぼしたのである。

このようにして、「信長の死について」はしめくくられている。

第四章　光秀の意図

一　本能寺の変とは何だったのか

さまざまに語られてきた本能寺の変の要因

東京大学名誉教授の勝俣鎮夫《かつまたしずお》氏は、「多聞院日記《たもんいんにっき》」には、信長《のぶなが》の側室であった光秀《みつひで》の妹「御ツマキ」殿が天正九年（一五八一）八月六日頃に亡くなったことが記されており、それが本能《ほんのう》寺《じ》の変の遠因のひとつになったことを指摘している（勝俣鎮夫『中世社会の基層をさぐる』山川出版社）。

関西学院大学教授の早島大祐《はやしまだいすけ》氏は、勝俣氏の見解を受けて、「御ツマキ」殿を「御妻木殿」としており、同年一二月四日に光秀が家臣たちに、織田《おだ》家の家臣と喧嘩《けんか》になった場合には自害するよう命令しているが、これは光秀が織田家との揉《も》め事を大変警戒していたからであるとしている（早島大祐『明智光秀』ＮＨＫ出版新書）。これも、御ツマキ殿がいなくなったことによって光秀の立場が不安定なものになったことを示しているというのである。

光秀にとっては、信長の側室となった妹は、信長に対する貴重な情報源であった。それだけでなく、信長とのあいだに問題が生じた場合には、取り成してもらうことが期待できる存在でもあった。もちろん、信長は、そのようなことは承知していたであろう。信長にとっては、光秀に対する人質にもなり得るのである。信長は、光秀の妹の没後に明智家からの人質を必要としていたはずだが、それに対して処置を講じた形跡は見られない。

光秀が本能寺の変を起こしたのは、野心によるものか怨恨《えんこん》によるものか。こうした二者択一的、または複合要因的であるとする見解がかつては主流を占めていた。しかし、光秀に天下を狙う野心があったことを裏付けるのは案外むずかしい。むしろそれを否定する史料が残存しているからである。光秀にとって、本能寺の変は大義名分に乏しい。第三者に謀反を起こした理由を説明することに、光秀自身が苦慮している。光秀が謀反を起こした要因としては、野心、怨恨、光秀の立場の危機などが考えられるが、これらはいずれも光秀の「自己都合によるもの」であると言ってよい。

謀反を起こしても、それだけの大義名分がなければ第三者が賛同してくれることは期待できない。ましてや天下人たる信長を討つとなれば、事後処理を考慮に入れなければ謀反を完全に成功させることはむずかしいであろう。もし、光秀に大義名分があったならば、本能寺の変のあとに彼自身がそれを早期に表明していたと考えられる。それがなかったということは、光秀の動機は表明できるようなものではなかったのであろう。当時から謀反の要因がさまざまに論じられてきたことは、光秀の動機が外部の者たちには不明確であったことを示している。

近年、「石谷家文書《いしがいけもんじょ》」における新史料の発見によって、信長が四国政策を転換させたことが光秀に本能寺の変を決断させたといわれるようになった。しかし、それが決定的要因かとなると断言するには不十分である。光秀と四国の長宗我部《ちょうそかべ》元親《もとちか》との関係については、イエズス会の史料にはまったく触れられていない。それゆえ、キリシタン教会は、光秀と元親の関係を正確には認識していなかったと見られる。しかし、キリシタン教会は、そもそも光秀についてどの程度の情報を持っていたのであろうか。事後の状況を追うことで、光秀の意図を探っていきたい。

フロイス「日本史」の怨恨説の真偽

本能寺の変については、フロイスの「日本史」などイエズス会の史料があることが知られているが、日本の史料とイエズス会の史料のあいだには、内容に不一致が見られるうえに論理的に齟齬《そご》を来しているところがある。よくいわれることであるが、改めて見てみたい。

しかしながら、実際には「日本史」と「信長の死について」とのあいだにも齟齬は見られる。光秀が信長に抱いていた怨恨によって本能寺の変を起こしたとは、ふるくからいわれているところである。この説の基となるものは日本側の史料にも確認できるが、フロイスは、「日本史」において、信長と光秀とのあいだに起きたある事件を次のように説明している。

信長は、不思議なことに親しく彼〔光秀〕を用いたので、この度は彼の権力と地位をより誇示するために、三河《みかわ》の国王〔徳川家康《とくがわいえやす》〕と甲斐《かい》国の領主たちに饗宴《きようえん》を催すことに決めたことによって、その際立った接待の役務を彼に任せた。

信長は、ある密室においてこれらの準備について明智《あけち》と話をしていたところ、大変怒りやすく、自らが命令したことに反対するような事柄に堪えられない性質であったので、言われるところによれば、彼〔信長〕の好みに合わない要件で明智が言葉を返すと、信長は立ち上がり、怒りに満ち、一、二度、彼を足蹴《あしげ》にしたということである。しかし、そのことは密《ひそ》かになされ、彼らのあいだだけの出来事だったので、人々の噂になることはなかった。しかし、このことから明智が何らかの根拠を作ろうとしたのかもしれないし、あるいは（おそらくこのほうがより可能性が高いが）、彼の中で抑制の利かない貪欲《どんよく》と野心が優位を占めたので、天下の主人になることを彼に望ませたのかもしれない。彼は、計画した謀反を実現するための好機をうかがいながら、それを胸に深く秘めたのである。

この記述は「信長の死について」には見られない。それゆえ、この部分はフロイスが「日本史」を作成する際に新たに書き加えたものであることになる。「日本史」のこの記述は、「信長の死について」の執筆後に得た情報を基にして、フロイスがまとめ直したものである。

しかし、この情報にはいうまでもなく不明確なところがある。フロイスのいうように、信長と光秀だけの密室の出来事であるならば、どうして外に出たのか。信長か光秀か当事者のいずれかが口外しない限り、決して外には出ないことではないのか。

フロイスの「日本史」のこの記事は、光秀が本能寺の変を起こした理由について、家康の接待に端を発する怨恨説の根拠とされている。この記事は、信長と光秀に何らかの対立があったことをうかがわせるものである。戦国史研究家の谷口克広《たにぐちかつひろ》氏は、この記事について、長宗我部元親との交渉をめぐって、信長と光秀の意見が対立していたことを示している可能性があると指摘している（谷口克広『検証　本能寺の変』吉川弘文館）。しかし、当事者から話が流出した可能性がない以上、フロイスがのちに耳にした噂話を収録したに過ぎないと見るべきであろう。

しかし、密室での話ならば、なぜそのようなことがフロイスにまで伝わったのか。しかも、フロイスが怨恨説を提示したのは、実は本能寺の変の直後のことではない。怨恨説は、フロイスの「日本史」には見られるが、「信長の死について」には記載がない。光秀が怨恨によって信長を討ったというのはフロイスの個人的見解であるうえに、同時代史料でもないのである。

それゆえ、怨恨が原因であるとするフロイスの見解は可能性の低いことであると考えられる。

　怨恨といっても長期にわたる怨恨を指摘するものもある。一八世紀後半に成立した「細川家記《ほそかわかき》」には、光秀の謀反の理由が一朝一夕にできたものではないと説明されている。それによれば、光秀が家康の饗応役を命じられ、その準備を整えていたところ、秀吉《ひでよし》の中国攻めに加勢するよう命令されたことで饗応役を解任されたので、信長に恨みを抱いたというのである。この理由は、フロイスの「日本史」の記述と似ているところがある。当時、光秀が本能寺の変を起こした理由として、このような噂が流布していたのであろう。

　しかし、家康を饗応するとはいえ、光秀のほうが立場は上なので、下位の者を饗応することに不手際があったと叱責《しっせき》されるのは不自然であるという指摘もある。ましてや、これによって光秀が面目を潰《つぶ》されたことが、明智一族の命運をかけて謀反を起こすほどであったかといえば、根拠が薄弱であるといわざるを得ない。

　その一方で、光秀が信長に恩義を感じていたことはよく知られている。その光秀が、自らの面子《メンツ》を潰されたくらいのことで、信長に謀反を起こそうとするであろうか。また、たとえ光秀自身が信長によって生命《いのち》を落とすような状況まで追い詰められたとしても、それを理由に謀反を企てるかどうかとなると、光秀の場合、それすら疑わしいのである。たとえ自らの生命を失うことがあっても、光秀は、明智一族を危険に晒《さら》すようなことは避けるのではないか。

二　周辺の動き

オルガンティーノの対応

光秀は、本能寺の変後に高山右近《たかやまうこん》に援軍を要請している。右近を取り込むことができれば、彼を通じてキリシタン教会が味方につくと考えたのかもしれない。光秀が教会の影響力を考慮していた可能性はある。しかし、右近は光秀に与《くみ》しなかった。光秀は右近が与しないことは、ある程度予測していたと思われる。右近の妻はこの時点で高槻《たかつき》城にいたので、光秀が彼女を人質に取ることは可能であったと考えられるが、光秀はそのようなことはしなかった。光秀は、あえて人質を取ろうとはしなかったのであろう。

オルガンティーノは、たとえ自分たちが磔《はりつけ》に処されようとも、光秀の誘いを受けてはならないと右近に述べた。高山右近に宛てた日本語の書状では光秀に与するよう促し、ローマ字表記の書状では反対のことを述べた。文字通りの面従腹背である。

エヴォラ版『日本書翰集《しょかんしゅう》』の「一五八二年の日本年報補遺」では、光秀が右近に渡すべく協力要請の書翰を託した使者に、オルガンティーノが自らの書翰をあとから勝手に託したに過ぎないような記述になっている。しかし、フロイスの「日本史」では、オルガンティーノ自身が光秀の協力要請を受けたかのような記述になっている。これについては、エヴォラ版が改変されており、「日本史」の記述が正しいことが「信長の死について」から判明する。光秀は、オルガンティーノが自ら右近に書翰を託すことを知っていたならば、その書翰の内容を疑わなかったはずがない。オルガンティーノは、光秀の謀反に加担すべきではないと考えていた。この点については、かつての荒木《あらき》村重《むらしげ》の謀反のときと謀反を起こした人物が異なっているだけで、状況が似通っているのである。

荒木村重の謀反の際、右近は、妹と息子を村重に人質に出していたので、信長につくことをためらっていた。一方、父の友照《ともてる》は、娘と孫が人質になっていたこともあって、頑《かたく》なに村重から離れようとしなかった。信長は、オルガンティーノに高山右近を説得させていた。右近は、オルガンティーノの説得を受けて、思案の末に自分が出家するという方法を採ったのである。結果的に、彼ら人質は村重から右近のもとに送り返されている。

光秀は、このときのことを覚えていたはずである。すると、右近が光秀に与する可能性が低いことを認識していたのではないか。少なくとも、オルガンティーノが右近に光秀に与しないよう促すであろうと推測していた可能性がある。それでも教会に危害を加えようとしていないのは、息子たちのことが念頭にあったからではないのか。本能寺の変のあとには、右近は、光秀に与しなかっただけでなく、光秀を討つ側に回っている。しかも、坂本《さかもと》城の攻略では、右近が先鋒《せんぽう》を務めており、明智秀満《ひでみつ》が率いる籠城《ろうじょう》側は戦うことなく自刃しているのである。

光秀は、オルガンティーノがキリシタンに与える影響力の大きさを知っていたのであろう。かつての村重の謀反からオルガンティーノの行動を予測できたはずである。「信長の死について」では、ダルメイダは、右近が光秀に与しないことを光秀が知っていたと指摘している（「史料編」19）。つまり、光秀は、謀反を起こした直後からオルガンティーノが自分に与しないことを理解していたのである。

光秀の娘細川ガラシャと右近の関係

オルガンティーノは、右近の行動パターンを把握していただけでなく、右近に適切な行動を促していた。なお、光秀の娘玉《たま》（珠）、すなわち細川ガラシャもこのときの右近の行動をのちに知ったのであろう。もちろん、この時点では、彼女は、細川忠興《ただおき》に嫁いでいたが、まだキリシタンにはなっていない。オルガンティーノが右近に対して、光秀には与しないよう助言したことをガラシャがこの時点では知らなかったことはあり得る。

光秀の娘のガラシャは、右近のことをどう思っていたのか。右近とガラシャの関係については、両者ともキリシタンというつながりがあると思われがちだが、両者の関係は必ずしも良好といえるものではなかったはずである。右近は、ガラシャの夫忠興の友人であり、右近が忠興に話したキリシタンの教えを忠興がガラシャに伝えたといわれているが、実際にはガラシャにとって右近は父光秀と明智一族の仇《かたき》であった。

実際、右近とガラシャの関係が良好であったことを裏づけることはむずかしい。ガラシャの改宗については、ホイヴェルス神父が紹介したイタリア出身のイエズス会士アントニオ・プレネスティーノ（一五四三〜八九）の報告が知られている（ヘルマン・ホイヴェルス『細川ガラシア夫人』春秋社）。一五八七年一〇月一日付、平戸《ひらど》発、プレネスティーノの書翰には、次のような記述がある。

　夫人（ガラシャ）は、時々、右近の夫人にはよきキリシタンの夫があり、神の教えを思うように聴くことができるから羨《うらや》ましいと言っていた。

これはガラシャがキリシタンである右近を讃《たた》えているかのように受け取られることがあるが、明らかに彼女の痛烈な嫌味である。プレネスティーノが書いたものなので、理由はわからないが、「右近」と呼び捨てにしている。ガラシャは、右近を褒めているわけではなく、右近の正室を題材に右近を揶揄《やゆ》しているに過ぎない。プレネスティーノは、おそらく彼女の言葉が持つ本当の意味を理解できず、耳にした話をそのまま書き留めてしまったのであろう。彼は、彼女がもともと鬱《うつ》で怒りやすかったけれども、信仰を得てからは明るく温厚になったと述べているが、大名の正室とはいえ屋敷に幽閉同然の状態であったのだから、鬱状態になるのは無理からぬところであろう。

フロイスも、ガラシャの夫忠興が右近の友人であり、右近が誰にでもするようにキリシタンの教えを忠興に話し、忠興がそれを彼女に話していたと記している。

しかし、フロイスにしてもプレネスティーノにしても、ガラシャのことを知っているわけではない。ガラシャにしてみれば、右近は父の仇でもある。忠興が右近から聴いたキリシタンの教えをガラシャに話したところで、彼女が忌々しい思いで聴いていた可能性さえあるように思われる。その反対に、もし、彼女がそのまま聴いていたのであれば、彼女にとって右近は取るに足らない存在であったことになる。

坂本城に籠城した明智一族の反応は、包囲する攻め手の右近に対しては否定的であった。「信長の死について」によれば、坂本城において自刃した明智一族は、敵の手には落ちないといって城内の財物を琵琶《びわ》湖に投げ捨てたというが、これは事実なのであろうか（「史料編」29）。

これについては、史料価値が高いとはいえないものであるが、日本側に傍証できる史料が存在する。それでは、明智一族が坂本城内から放った言葉は、どのようにして教会関係者の耳にまで届いたのか。右近が武士として先鋒を務め、のちに手柄話をしたからであろう。右近は、山《やま》崎《ざき》の戦い以降の戦さに関わっているので、キリシタン教会の有力な情報源になっていたものと考えられる。

細川家の対応

「細川家記」(「綿考輯録《めんこうしゆうろく》」)によれば、光秀は本能寺の変後、天正一〇年六月三日に細川藤孝《ふじたか》に援軍を要請したようである。その史料自体は残存していないが、九日に二度目の要請をしているので、真っ先に藤孝に要請したことは光秀の動きとしては自然なことである。光秀は、藤孝にさえ謀反を事前に打ち明けてはいなかったことになる。明智家は細川家とは親戚《しんせき》関係にあるので、光秀は、細川父子が光秀に援軍を差し向けてくれるものと期待していたはずである。光秀の協力要請に対して、藤孝は、突如家督を息子忠興に譲るといって剃髪《ていはつ》してしまった。藤孝は、家督を忠興に譲ったので、自分ではなく忠興と話をするよう光秀に返事をした。ところが、家督を譲られたことになる忠興も、父藤孝に続いて剃髪してしまったのである。

光秀は、九日に再び藤孝に援軍を要請した際、政権を自分の息子の十五郎と忠興に譲りたいと申し出ている。光秀は、娘の玉（珠）、のちのガラシャが忠興に嫁いでいたので、細川父子には期待していたであろう。娘の玉が細川家にいたからか、光秀は、あえて人質を差し出すことはしていない。光秀からの再度にわたる同盟の要請であったが、細川家はこの要請も断っている。

光秀が六月九日付で藤孝に協力を要請した書状が残っている。「細川家記」にも収録されているが、「細川家文書」には実物の文書が確認される。それは次のようなものである。

一　御父子もとゆい御払い候由、もっとも余儀なく候。一旦我等も腹立ち候えども、思案候ほど、かようにあるべきと存じ候。しかりといえども、この上は大身を出され候て、御入魂希《ねが》う所に候事。

一　国の事、内々摂州を存じ当て候て、御のぼりを相待ち候つる。ただし、若州《じやくしゆう》の儀おぼし召し寄り候わば、これをもって同前に候。指し合いきと申し付くべきに候事。

一　我等不慮の儀存じ立て候事、忠興など取り立て申すべきとての儀に候。さらに別条なきに候。五十日百日の内には、近国の儀相堅めるべきに候間、その以後は十五郎、与一郎《よいちろう》殿など引き渡し申し候て、何事も存ずまじく候。委細両人申さるべきに候事。

以上

六月九日　　光秀（花押）

【大意】一　御父子（藤孝と忠興）が元結《もとゆい》を払われたとのことですが、当然で仕方のないことでございます。いったんは私どもも腹が立ちましたが、よく考えてみますとこのようにあるべきかと存じます。しかしながら、この上は重臣を遣して、御尽力頂くことを願うところでございます。

二　国の事ですが、内々に摂津《せっつ》国を想定して当てており、御幟《おのぼり》をお待ちしております。ただし、若狭《わかさ》国のことをお考えになっているのでしたならば、これは以前の通りでございます。さしさわりは必ず申し付けるべきことでございます。

三　私ども不慮のことと存じておりますということですが、忠興を取り立てになるべきということについてです。私には、さらに別の考えがあってのことではございません。五十日か百日のうちには、近江《おうみ》国のことは守りを固めなければならないので、その間のことでございますが、それ以後は十五郎と与一郎（忠興）殿などに引き渡すことにしており、私は、それ以上は何事も考えておりません。詳細は両人が申し上げるはずでございます。

以上

六月九日　　光秀（花押）

この書状は、「細川家文書」に含まれるものであるが、東京帝国大学文学部史料編纂掛編纂《へんさん》『大日本史料』第十一編之一に写真が収録されている。それによれば、この書状には光秀の花押があり、彼の直筆であったとされている。その内容から、光秀から細川家に送られた二度目の協力要請であったものと見られる。「信長公記」と「細川家記」には、光秀からの最初の協力要請が細川家にあったのは、六月三日とされているので、細川家に一度断られた要請を九日に再度行なったのはあり得ることであろう。この頃、光秀は、細川家に援軍を要請していたと見ることができる。

三については、謀反は思いがけないことでありましたが、忠興を取り立ててください、というのは、藤孝の見解であったことになる。文書のこの部分では、忠興と呼び捨てにしていることからも明らかである。光秀は、娘婿の忠興を与一郎殿と呼んでいるが、藤孝は、息子を忠興と呼んでいる。光秀は、政権を十五郎と与一郎殿に引き渡したいと述べている。

これについて、前掲の『大日本史料』第十一編之一には、「十五郎」とあるのは「頓五郎《とんごろう》」の誤りで、これが忠興の弟の興元《おきもと》を指すとされているが、この人物が光秀から呼び捨てにされていること、忠興よりも先に名が出ていることから、現在では光秀の息子を指すとおおむね考えられている。なお、十五郎の名前は同文書にしか見られないが、光秀の息子の名前としては確実なものである。

光秀からの最初の協力要請を受けて、細川藤孝・忠興父子がともに剃髪したことを示している。再度の要請では、光秀は、藤孝に摂津国を与えることを考慮しているが、希望があれば若狭国をも与えると述べている。最初の要請の際、光秀は、娘婿の忠興を取り立てるとのみ述べたようであるが、再度の要請では、息子の十五郎と娘婿の忠興に指揮権を引き渡すとまで述べている。光秀にとっては、かなり状況が逼迫《ひっぱく》していたのであろう。光秀がいずれ政権を自分の息子の十五郎や忠興に譲りたいというのは、光秀が偽っているとも思えず、本心のようにも感じられる。二通目の書翰なので、一通目ではそのように述べていなかったであろう。

「細川家記」に見る細川家の姿勢

「細川家記」は一八世紀後半の成立であるが、それ以前に存在した記録を参照しており、何よりも江戸時代の認識を知ることができる。同書によれば、六月三日に愛宕下坊幸朝《あたごしもぼうこうちょう》僧正が派遣した飛脚が細川家に、光秀が主君信長父子を本能寺と二条城《にじょう》に討ったことを報告しており、その後、光秀の使者の沼田《ぬまた》権之《ごんの》助光友《すけみつとも》が同内容を細川家に報告しているというのである。

このときの沼田の言によれば、「信長が私にたびたび面目を失わせ、わがままによって人を振り回すことがあったので、父子ともに討ち滅ぼし、鬱積《うっせき》を晴らしたのである」というのである。そのうえで、「摂津は闕国《けっこく》（誰も知行していない国）なので、（細川家が）まず知行することが可能である」ともいっている。摂津国を細川家に与えることは、六月九日付の書状でも述べられている。六月九日付の書状では、摂津国を与えても現在の知行地はそのままにすると述べているので、六月三日の時点で光秀が沼田にそういわせていなければ辻褄《つじつま》が合わない。

「細川家記」巻三には、藤孝が忠興に「私は信長公の御恩を深く被っているので、剃髪して長年の恩を感謝しようと思う。お前は光秀とは婿舅《しゆうと》の間柄なので、彼につくべきか自分の心に従いなさい」といって、藤孝のみが剃髪したことになっているが、同書巻七には藤孝だけでなく忠興も剃髪したことになっている。細川父子の剃髪には、それを考慮するだけの時間があったと見られる。光秀が謀反を起こした理由として、沼田は、信長が光秀の面目をたびたび失わせることがあったと説明している。忠興は、怒りのあまり沼田を殺そうとするが、藤孝が使者に咎《とが》はないといってこれを止めたとされている。

沼田の言によれば、信長が光秀の面目を失わせたのは複数回であったことになる。信長が自身のわがままによって人を振り回すとあるが、これは信長の気まぐれによって政策が変わることを意味する。信長の四国政策の変更がこれに該当するであろう。光秀は、これを細川家に述べただけでなく、ほかの大名・領主に協力を要請する際、同じく謀反の理由として挙げたものと考えられる。

先の六月九日付の光秀の書翰は、光秀が再度細川父子に協力を要請したものである。「細川家記」には、このとき、沼田が細川父子の「義心」に感服し、細川家に奉公することを懇願したとある。「義心」が何かは説明されていないが、主君信長に忠誠を尽くす意図があることを述べたものであろう。その結果、沼田は御家人として細川家に召し抱えられ、長岡《ながおか》権之助直次《なおつぐ》と改名したという。

ここから察するに、二度目の使者として細川家に赴いたのも、初回と同じく沼田であったことになる。細川父子が光秀に協力しないようであれば、沼田は、そのまま細川家に残ることを二度目に赴くときに予《あらかじ》め決めていたのであろう。沼田は、細川家の協力がなければ光秀に勝算はないと見ていたことになる。

「細川家記」は、光秀の謀反の理由について、次のように説明している。信長は、光秀が稲葉《いなば》一鉄《いってつ》の家臣であった斎藤利三《さいとうとしみつ》を召し抱えたことに激怒した。一鉄は、土岐《とき》頼芸《よりなり》の家臣であったが、斎藤道三《どうさん》から義龍《よしたつ》、龍興《たつおき》に仕え、斎藤氏が信長に滅ぼされたあとに信長に仕えることになった。光秀が利三を召し抱えたことは信長の意に沿わなかったが、そのことを信長が感情的に引きずった形跡はないので、ほとぼりが冷めたことで信長に許されたのであろう。実際、利三は、光秀の重臣として明智家の滅亡まで仕えている。

信長が光秀の面目を失わせたというのは、光秀を密室で足蹴にした（一六三ページ）というフロイスの「日本史」の記述と状況が似ているようであるが、人々の面前で行なったということと信長の怒りを買った理由が異なっている。光秀の逆心は一朝一夕に起きたことではなく、その要因は複合的であるが、主要因は斎藤利三を召し抱えたことであるというのであろう。光秀に天下を狙う野心があったとはいいがたいので、このような説明をしたと考えられなくもない。

四国政策の転換と光秀

本能寺の変の要因として近年にわかに注目されるようになったのが、四国の長宗我部元親との関係である。長宗我部元親が光秀の家臣斎藤利三に宛てた書状が、岡山市の林原《はやしばら》美術館で見つかったというものである。

利三は、光秀の重臣であり、元親の正室は、利三の親類に当たるという関係であった。本能寺の変のあと、光秀は、謀反を起こした理由として信長の四国政策の転換を周囲の者たちに説明していたのではないかと思われる。実際に、四国政策の転換を謀反の理由として挙げていることがある。

斎藤利三は、本能寺の変の直後に殺害されている。利三は、斎藤利賢《としかた》の息子であるが、不詳なことが多く、母は蜷川親順《になわちかより》の娘であるといわれるが、光秀の妹であるといわれることもある。

当初、信長は、元親が四国を征服したことを容認していたが、元親が勢力を拡大することを恐れて、土佐《とさ》国と阿波《あわ》国の南半分のみの領有を認めるとしたので、元親が激怒したというのである。光秀は、信長の四国政策に対する取次を担っていたので、元親が信長の要求を受け入れるよう説得に当たっていた。元親は、光秀の説得を受け入れて信長に従うことに決めたが、信長は、突如方針を転換させて元親を討つことにした。これによって、取次を務めていた光秀は、面目を潰されたのである。光秀は、元親に対しても、さらに自らの家臣ではあるが、斎藤利三に対しても面目を失ったであろうことは想像にかたくない。

しかし、その一方で、このようなことは当時珍しいことではなかった。政策転換の結果、当然のこととして、信長の取次を担っていた光秀が長宗我部氏に対する先鋒となることが予想される。これもまた不自然なことではない。結果的には、光秀は先鋒を外されることになる。これが彼の面目を失わせることになったかもしれないが、それを恨みに思って謀反を起こしたと考えることはむずかしい。

利三の義妹が長宗我部元親の正室であったことから、長宗我部氏との問題が光秀の謀反の理由ではないかといわれることがある。光秀が信長の命令によって長宗我部氏を討つことになれば、長宗我部氏と姻戚関係にあった利三は立場を失ってしまう。このため、光秀が自分の家臣である利三のために謀反を起こした、ということになるが。それでは自分の家臣が黒幕という不自然な構図ができあがりかねない。

そう考えると、信長が四国政策を転換したことは、光秀が謀反を起こすだけの理由になるとは思えない。これまで信長の四国政策の転換の重要性が指摘されながらも、それが理由とは断じがたいところにこの問題のむずかしさがある。光秀にとって望ましい状況ではなかったとは考えられるが、一族郎党の命運をかけて謀反を起こす動機になったかといえば、そう断言することはむずかしい。

三重大学教授の藤田達生《ふじたたつお》氏が指摘するように、利三の立場を考慮して謀反を起こす時期を早めるなどすることはあり得ても、家臣のために危険な賭《か》けに打って出ることは考えられない。信長の四国政策の転換が謀反の理由とするに十分なものであるならば、光秀自身がそれをどこかで主張していたはずである。その場合、利三のことは伏せておけばいいであろう。

四国をめぐる問題は、謀反を起こした要因とするには根拠が弱いところがある。なお、利三は徳川家光《いえみつ》の乳母、春日局《かすがのつぼね》の父親としても知られている。

筒井順慶の逡巡

光秀は、本能寺の変の直後に大和《やまと》国の筒井順慶《つついじゅんけい》に協力を要請している。順慶は、元亀《げんき》二年(一五七一)、光秀の仲介によって信長の臣下になっているが、光秀とは姻戚関係にあり、積極的に手を組まない理由はなかったものと考えられる。順慶が光秀に協力すれば、畿内に向けての睨《にら》みを利かせることができる。

順慶は、光秀から協力要請を受けて、当初は光秀につくことを真剣に検討したと考えられている。「増補筒井家記」によれば、光秀は、斎藤利三の弟大八郎《だいはちろう》を使者として順慶のもとに派遣して協力を要請したが、その条件は、順慶が味方になるのであれば、大和に和泉《いずみ》と紀伊《きい》を加えて領有させるというものであった。光秀は、信長に累年の恨みがあったので、信長父子を殺害したと説明している。さらに、末子の乙壽丸《おとじゅまる》を筒井家への人質に差し出そうとしている。ただし、この名前は確実なものではない。

順慶は、光秀の要請を受けて、「今、光秀が信長を殺害したのは信長も公方義昭《くぼうよしあき》を追放した咎を天下に示すものである」と家臣たちに述べている。これは順慶の言葉とされているが、使者の大八郎の説得を受けて、その内容を順慶が家臣たちに説明したものであろう。光秀が謀反の理由と正当性を外部に主張したものと見られる。しかし、順慶は家臣たちの強い反対に遭い、自分の主張を撤回する。その結果、順慶は、光秀にいずれは協力するときわめて曖昧《あいまい》な返事をして、使者の大八郎に乙壽丸を添えて送り返したというのである。

このことは、事実をどこまで反映しているのであろうか。同時代史料としては、興福寺《こうふくじ》多聞院主の多聞院英俊《えいしゅん》（一五一八〜九六）の「多聞院日記」が知られている。順慶が光秀に協力すべきか否か逡巡《しゅんじゅん》していたことは、「多聞院日記」などの同時代史料にも見られる。日記であるから編集などの手が加えられていることはないが、混乱した状況から事実を誤認することはあり得る。

たとえば、本能寺の変の直後に、細川殿、おそらく藤孝が殺害されたと記載されていることが知られている。六月五日に斎藤蔵助（内蔵助《くらのすけ》）すなわち利三が長浜《ながはま》に入ったとあるので、おそらく同時期に順慶に協力要請のための使者が派遣されたものと考えられる。使者は大八郎ではなく利三となっており一致していないが、重臣が赴いたのは確かであろう。光秀は、前日に安土《あづち》城に入っているので、信長の財宝を使者に持参させることが可能になったものと思われる。

三　明智一族の最期

「信長の死について」で描写されている「山崎の戦い」

山崎の戦いといえば、毛利《もうり》氏と戦っていた秀吉の軍隊が中国大返しによって畿内に戻り、光秀の軍勢を山崎において打ち破った一大決戦として知られている。

しかし、「信長の死について」によれば、山崎の戦いは、実際はほとんど光秀と高山右近との戦いであったかのようである。その記述は、軍記物などを始めとする日本側の史料に見られるようなこの戦いの重要性に比べれば、実にあっさりとした、むしろ簡略なものであるといってよい。秀吉の軍隊は山崎までは到着しておらず、実際には右近を始めとする摂津衆と光秀との戦いであったというのである。しかも、右近が秀吉と作戦を協議するだけの時間的余裕はなかったとされている。

こうした情報は、右近本人の説明に基づいて記述されたものと考えられる。「信長の死について」には、合戦の計画性が感じられず、多くの日本側の史料とは状況の乖離《かいり》が感じられる。しかし、この文書に見られるように、山崎に秀吉の軍隊が接近していることを確認したので、光秀の軍隊と対面してしまった摂津衆だけで戦ったというのが実際のところであろう。

右近は、はたして山崎の戦いで本当に活躍したのか。右近は、それほどの重要人物だったのか。日本側の史料から右近の活躍は確認可能であろうか。この時点での右近の立場は、どのようなものであったか。

山崎の戦いにおいて、高山右近が先陣を務めたことは、日本側の複数の史料からも確認できる。そのなかには史料価値が低いものも含まれるとはいえ、これはおおむね事実と見なしていいであろう。右近と同じく摂津の国人であった中川清秀《なかがわきよひで》（瀬兵衛《せびょうえ》）は、かねてより右近とは不仲であったが、「信長の死について」には、このときばかりは両者が手を結んだと記されている。「中川家譜」には、右近が「敵に近い城主を先陣と定めることは弓箭《きゅうせん》の作法であるならば、私は高槻の城主である。今度《こたび》、京口の先手は、私でなければならないのではないか」と述べて、自らが先陣を務めることを主張したことになっている。その結果、秀吉は、右近の主張を受け入れて一番を右近に定めており、以下、二番を清秀に、三番を池田勝入《いけだしょうにゅう》（恒興《つねおき》）に、四番を丹羽長秀《にわながひで》に、五番を織田（神戸《かんべ》）信孝《のぶたか》に、六番を秀吉自身に定めたことになっている。迎撃する者たちが事前に陣形を協議したうえで計画的に戦ったように記述されているのである。

しかし、実際は、「信長の死について」に記された状況が事実に近かったのではないか。同文書では、光秀軍との遭遇などで偶然が重なった状況のもと、右近の軍隊が光秀の軍隊と直接対戦して破ったことになっている（「史料編」26）。しかし、同文書の情報源が右近の言葉であることを考慮するならば、右近の話は多少なりとも割り引いて考える必要があるであろう。

坂本城の籠城

天正一〇年六月一三日（一五八二年七月二日、月曜日）の夜または翌日未明に、光秀は坂本へ向かう途中で殺害された。明智秀満は、明智一族を引き連れて坂本城へ逃れているが、坂本城において一族とともに自刃している。その際、光秀の二人の息子も亡くなったとされている。「信長の死について」では、坂本城では先鋒を務める高山右近に対して、こちらへ来るようにいって黄金を琵琶湖に投げ捨てたという。

それでは、なぜキリシタン教会の関係者が坂本城の落城の様子を詳細に知ることができたのか。坂本城の落城について教会が情報を得たのは、関係者がその場にいたからではない。オルガンティーノにしても、坂本城を包囲する右近の軍隊に合流していたとは考えられない。それでは、教会が戦さに加担したことになってしまう。おそらく当事者である右近が、オルガンティーノを始めとする教会関係者に自らの手柄話として語ったのであろう。坂本城落城の部分はカリオンの執筆であると考えられるが、のちに右近が語った内容をそのまま書き留めたものであろうと推測される。

ここで、ダルメイダ報告の記述を見直してみたい。本能寺の変の直後に、オルガンティーノは光秀の息子、すなわち十五郎に会いに坂本城に赴いている。光秀のこの息子とは、「細川家文書」に見える当時一三歳であった十五郎であると考えられる。

本能寺の変直後という状況で、オルガンティーノがあえて坂本城に赴こうとするのは不自然なことである。しかも、十五郎は、彼らが無事に逃れることができるよう自分の家臣を派遣しようとしている。オルガンティーノは、十五郎とはすでに面識があったと考えるべきであろう。

なぜオルガンティーノは、危険を冒してまで十五郎に会いに行ったのか。

オルガンティーノにも十五郎にも、危険を冒してまで面会する必要があったということになる。状況から考えるに、オルガンティーノは、光秀の息子に洗礼を授けるために会いに赴いたのであろう。死が間近であるかもしれない十五郎にオルガンティーノができる最大のことは、彼の霊魂の救済であると思ったのではないか。光秀の息子たちは、いずれも元服前であったと思われる。それゆえ、オルガンティーノは、それまでは彼らに洗礼を授けるのは時期尚早と考えていたのであろう。しかし、彼らに死の危険が迫った状況で、彼らに洗礼を授ける必要があると考えたのであろう。

イエズス会の論理としては、死ぬ可能性が高い状態にある者に対しては、教義を十分に説くことができなくても洗礼を授けることが可能なのである。出陣する武士には教えを説くことが不十分であったとしても、洗礼を授けることができた。このような状況にあって、オルガンティーノは、光秀の謀反が失敗する可能性が高いと見ていたのではないか。

それでは、光秀のほうはどうだったのか。

光秀は、使者にオルガンティーノへの伝言を予め託していた。しかし、混乱した状況にあって、避難中の可能性が高いオルガンティーノを光秀が探し出せるとは考えがたい。光秀は、オルガンティーノが坂本城に来ると予想していたのではないだろうか。それは、オルガンティーノが息子たちに会うために坂本城に来るはずだと考えたからではないのか。

この局面で光秀は、オルガンティーノが自分に与すると考えていたであろうか。

その可能性はおそらく低いであろう。ダルメイダは、これを否定している（「史料編」19）。光秀は、右近が自分たちの味方になると誤解していたとあるが（「史料編」24）、これはカリオンの見解である。光秀が期待したのは家臣たちに期待を持たせる効果だったのではないだろうか。光秀にとっては、自軍の士気が低下することが大きな危惧《きぐ》であったに違いない。たとえ右近が自分に与しなくとも、誤解によるものであっても、家臣たちが希望を維持できればそれに越したことはないであろう。

光秀の息子は、二人とも三人ともいわれるが、オルガンティーノが十五郎と面識があったことを考慮するならば、「信長の死について」にある「二人」というのが正確なところであると考えられる。もう一人の息子の名前は正確には特定できないが、「増補筒井家記」に見える乙壽丸であろうか。

光秀の二人の息子について、「信長の死について」には、坂本城で亡くなったかどうかはっきりしないが今に至るまで現われていないので、亡くなったものと推測されるとしている。光秀の息子たちがたとえ生き延びていたところで、二人の息子が名乗りをあげるとは考えられない。経緯を考慮するならば、そのようなことではないだろう。少なくとも光秀の嫡子はオルガンティーノと知己の間柄であった。すると、もし、彼らが坂本城の落城後に生き延びていたならば、何らかの方法で彼に連絡してくるはずであるといいたかったのではないだろうか。

フロイスの真意

フロイスの「日本史」に見られるように、彼の光秀に対する評価は極端に低い。フロイスは、信長に接していたとはいえ、光秀とは面識があるという程度だったはずである。光秀については、イエズス会ではオルガンティーノが比較的近い位置にいたと考えられる。

フロイスは、キリシタン教会を庇護《ひご》した信長に対して好意的である。教会に好意的であれば評価が高くなり、そうでなければそれだけ低くなることは当然考えられる。

教会にとっては、日本における政治的、社会的安定を求めるのが基本的方針である。すると、当然のことながらフロイスは、光秀に対しては謀反人ということで著しく低い評価を下すことになる。フロイスの立場からすれば、キリシタンを保護する姿勢を示していた信長を討った光秀に大義はないことになる。

それにしても、なぜここまでフロイスの光秀に対する評価が低いのだろうか。フロイスの「日本史」においては、光秀が優秀な武将であるとする反面、彼に対する評価となると極端に低い。しかし、光秀の娘の細川ガラシャは、信仰の模範となり得るような女性である。こうしたことから、フロイスの光秀に対する評価が定まっておらず、論理が著しく混乱していることになる。フロイスの人物評価は、しばしば論理的矛盾を含んでいるのである。

他方、信長に対する評価は、信長が晩年に自己神格化を図ったために低下したことになっている。ただし、信長の最晩年をフロイスは直接見ているわけではない。信長は、安土に摠見寺《そうけんじ》を建立し、自らを崇拝するよう人々に指示したという。キリシタン宣教師にとって、被造物である人間が神になろうとすることは決して許されない。つまり、彼らには、信長の自己神格化は絶対に容認できないことなのである。

ところで、信長が最晩年に自己神格化を試みたというのは、はたして事実を反映しているのであろうか。

信長が自己神格化を試みたので、家臣に討たれたと説明して、本能寺の変が起きたことを正当化することは考えられなくもないが、それでは正当化の方便としては問題が大き過ぎる。それだけでなく、信長が自己神格化を図ったことは、長年にわたって彼との関係を保ってきたフロイスらの評価を著しく下げることにもつながってくる。つまり、フロイスが信長の自己神格化をあえて自分で創作するだけの根拠に欠けているのである。したがって、これは事実を反映している可能性が高いと考えられる。

ところで、それまでの史料からは、信忠《のぶただ》には洗礼を受ける意思はなかったと思われるものの、キリシタンに好意的であったことが再三にわたって記されている。キリシタン教会でも、信忠が洗礼を受けることを期待していたかもしれない。それなのに、信忠は、父信長と同様に最期になって望ましくないことを行なったことになる。

話は逸《そ》れるが、仮にフロイスなどが信長の自己神格化を創作したとすれば、どのような事態が想定されるであろうか。

本能寺の変の半世紀以上もあとのことになるが、明末清初の中国において、四川《しせん》省の全面破壊などの残虐行為を行った張献忠《ちょうけんちゅう》という民衆反乱の指導者がいた。張献忠は、同じく民衆反乱の指導者とされる李自成《りじせい》と比較するならば、規模は小さく、北京《ペキン》を陥落させることもなかったが、支配地域の破壊活動を行なったことで知られている。

このとき、ポルトガル出身のガブリエル・デ・マガリャンエス（一六一〇〜六七）とイタリア出身のルイス・ブリオ（一六〇六〜八二）という二人のイエズス会士が張献忠に捕らえられ、彼に仕えるよう強制されている。張献忠が清軍によって殺害され、反乱軍が瓦解《がかい》したあとに、彼ら二人は清軍によって捕らえられ、外国人であるという理由から北京に護送された。彼らは、順治帝《じゅんち》の恩赦によって北京を離れないという条件つきで釈放されている。これによって、彼らは奇跡的に生き延びることができたのである。これに対して、ドイツ出身のイエズス会士ヨハン・アダム・シャール（一五九一〜一六六六）は、彼らが残虐な暴君に仕えたとして強く非難している。マガリャンエスらは、強制されたとはいえ民衆反乱の指導者に仕えるのも、アダム・シャールのように清朝に仕えるのも基本的には同じことではないかと反論している。つまり、中国では同じ教会内、しかも同じイエズス会内で責任を追及する事態になっているのである。

この事例からは、信長のような権力者が自己神格化を行なった場合、それに関与した者の責任が教会内で追及される危険性が十分にあったことがわかる。したがって、信長が自己神格化を試みたことは、フロイスにとって、決して都合のいいものとはいえないのである。フロイスにとって、信長の自己神格化を創作すること自体が危険なことであったと考えられる。

織田家と明智家とキリシタン教会

信長の嫡男信忠は、キリシタン教会に対して好意的であったようであるが、信忠は、本能寺の変の直後に二条御所で光秀に討たれてしまった。「信長の死について」では、信孝が津田信《つだのぶ》澄《ずみ》を殺害したことは肯定的に捉《とら》えられている。

カリオンは、信孝が信長の後継者となるならば、キリシタンの高山右近やキリシタン教会が信孝を援助するものと考えている。彼は、信長と信忠亡きあと、羽柴《はしば》秀吉が信長の後継者として信孝を担ぎ上げることもあり得ると見ていたのである。

キリシタン教会としては、信孝が信長の後継者になることを期待していたのであろう。信孝がキリシタンに好意を示していたからである。キリシタンに好意的な信孝が信長の後継者になるのが望ましいとしても、教会がそれを支援することは別の問題である。フロイスが「信長の死について」をまとめた時点では、信長の後継者が誰になるか情勢が定まっていなかったので、このような記述になったものと考えられる。しかし、信孝に対する評価は必ずしも高いとはいえず、キリシタンに関心があるフリをするような彼の抜け目のない態度に気づいていたようである。もっとも、信孝本人は、キリシタン教会が自分の後ろ盾になってくれることを期待していたのではないかと思われる。

キリシタン教会が織田家の者たちに対して好意的であったことは確かである。その一方で、明智家の者たちに対して好意的でなかったかというと、実はそうではない。オルガンティーノは、おそらく光秀の息子たちに洗礼を授けるために危険を冒して坂本城に赴いている。明智家の者たちには光秀の息子たち以外にキリシタンがいた可能性がある。

キリシタン教会は、謀反人である光秀を敵視していたかのようであるが、実際にはオルガンティーノは、光秀の息子たちとは懇意であったのである。

四　カギは何か

光秀にとっての主君信長

光秀にとって、主君の信長はどのような存在であったのか。

光秀は、信長の忠実な家臣であったことを示す史料がある。それは、光秀が作成した「明智光秀家中軍法」と呼ばれるものである（藤田・福島、第一〇七号文書）。

天正九年六月二日付の「定」には「条々」として心得が個条《かじょう》書きにされている。光秀が家臣に心得を述べたものとして知られている。光秀は、家臣に規律を維持することを要求しているが、その最後に、自らの信条を綴《つづ》っている。光秀が「瓦礫沈淪《がれきちんりん》の輩《やから》」に過ぎなかったのを、信長が「莫太《ばくだい》な御人数を預け下され」たと述べられている。つまり、一介の浪人に過ぎなかった光秀が、信長に重臣にまで取り立てられたことが述べられているのである。

光秀は、自らの家臣に対しても、信長に忠実に奉公すべきことを要求している。本能寺の変のほぼ一年前に、光秀が明智家の軍法として家臣に示したものであるが、光秀の気持ちがそれほど変化しているとは思えない。

この半年後の天正九年一二月四日「明智光秀家中法度写」（藤田・福島、第一一二号文書）には、信長の家臣と揉め事を起こしてはならないと厳しく命じられている。光秀は、信長の家臣として主君を尊重すべきことを述べている。この文書と先の「明智光秀家中軍法」を見る限りでは、光秀は信長の忠実な家臣であったものと思われる。

早島大祐氏は、「明智光秀家中法度写」は光秀が信長の側室であった彼の妹亡きあとに、信長に極度に配慮していることの表れであると指摘しているが、その見解も首肯できるものである。

しかし、これほどまでに信長に対する忠誠を述べている者は、信長の家臣でもそう多いわけではない。そのような人物が、主君に対する私怨や自らの立場を失ったことを理由にして謀反を起こすであろうか。しかも、謀反は、自らの命だけでなく一族郎党すべての命がかかった危険きわまりない賭けである。

光秀が信長の忠実な家臣であったとすれば、たとえば極端な話、信長に死を命じられたとしても、明智家の存続が保証されるのならば、命令を拒否するであろうか。

真相を知っていた者はいたか

光秀が謀反を起こした理由は、同時代の人にもはっきりとはわからなかったようである。それゆえ、野心や怨恨が想定され、怨恨にしたところで何が直接の原因かということでは、さまざまな説が出されてきたのである。

それでは、光秀が謀反を起こした理由を、本人以外に誰か知っている人はいなかったのであろうか。光秀や明智一族および重臣たちは、坂本城の落城までにほぼ全員が亡くなっている。そのほかは、オルガンティーノが光秀の息子十五郎に会いに坂本城に赴いたほどなので、何かを知っている可能性はある。だが、それ以上に理由の推測が可能な人物が生き延びている。細川忠興に嫁いだ光秀の娘、細川ガラシャである。

「細川家記」（「綿考輯録」）には、本能寺の変のあと、ガラシャが父光秀に謀反を起こしたことに対する恨みごとを述べたような書状が引用されている。しかし、これは書状としては実に不自然で未熟な形態なので、「細川家記」の編者が創作したものであると考えてよい。

ガラシャにとっては、父光秀がつねに敬愛の対象であったことが、彼女に関するイエズス会の史料には見られる。フロイスの「日本史」には、天正一五年（一五八七）にガラシャが改宗した際の記事に続けて、次のような記述がある。

大坂の上長パードレ〔オルガンティーノ〕は、次のように彼女に伝えさせた。彼女〔ガラシャ〕と彼女の夫〔忠興〕とのあいだに何らかの嫌悪があることを、彼〔オルガンティーノ〕は知っていたので、今や彼女がそこに生きている神の教えによれば、正当な事柄においては彼女の夫に従うこと、そして彼を救済の認識に導くようにすることに彼女が同意したことを思い出すように、と。

これに対して、彼女は、次のように答えた。尊師は、過去のことに驚かないように。なぜならば、彼女は、神の光も真の救済も来世の事柄についての認識も持たなかったので、そこから彼〔夫〕に従うことのむずかしさが彼女には生じているが、彼女には父がいなかったとはいえ、それが彼女を辱めることも恐れさせることもないことを、彼女の夫が認識するためだったからである。しかし、彼女は、今やパードレが彼女に伝えさせたことを理解しており、このように主の恩恵によって、それを実行するつもりである、と。

この記述は、ガラシャが洗礼を受けたあとのことである。同じくフロイスの「日本史」には、一五八八年五月六日付、京都発のオルガンティーノの書翰が掲載されており、そこにもガラシャが夫忠興と離婚して「西国《サイコク》」に行きたいというのを、オルガンティーノが思い留《とど》まらせたことが記されている。それゆえ、彼女は洗礼を受けたあと、翌年五月頃まで離婚を考えていたと推定される。なお、「西国」とは、この場合は九州地方を指すので、イエズス会の教会がある長崎か豊後府内《ぶんごふない》あたりに行くことを想定していたものと思われる。

ガラシャは、父光秀のことをつねに気にかけていた。前ページであげたフロイスの「日本史」の記述は、光秀の忌日をどうするかということで、自分の家臣を大坂のキリシタン教会に差し遣わしたときのことである。それをきっかけにこのようなやり取りがなされたことになっている。これによれば、ガラシャと忠興の不和の原因が光秀の死にあったというのである。

忠興の光秀に対する認識はガラシャの認識とは相容《あいい》れないものであった。彼女は父のことを気にかけ、夫忠興とは父光秀に対する認識が異なっていたがゆえに離婚を考慮していたということは、彼女は父光秀を助けなかった夫忠興を、さらに舅藤孝を恨んでいたということだろう。忠興本人の光秀に対する認識を知ることはむずかしいが、「細川家記」に見える内容が細川家の認識であったと考えることはできるであろう。「細川家記」は、彼女の父親が亡くなった理由、すなわち光秀の謀反の理由を、私怨または野心によるものと説明している。

しかし、ガラシャにとって、父光秀は「彼女には父がいなかったとはいえ、それが彼女を辱めることも恐れさせることもない」ものであった。ガラシャは、父光秀の忌日を控えてキリシタン教会が忌日に供養を行なうのか確かめることを自分の家臣に命じ、大坂の教会に行かせている。これは、父の忌日を口実にして、彼を教会に行かせてキリシタンの教えを聴かせることが目的であった。この家臣とは、おそらく後年ガラシャの介錯《かいしゃく》を担うことになる留守居の小笠《おがさ》原少斎《わらしょうさい》であろう。「彼女に父がいなかった」とは何を指すのであろうか。単に父が亡くなっていることを指すものではないであろう。この記事が父光秀の供養の話から続いていることを考慮するならば、これは父光秀が謀反を起こして亡くなったことを指すと考えられる。

つまり、父光秀が謀反を起こして亡くなったとはいえ、ガラシャは、父の謀反には恥ずべきではない正当な理由があったと確信していたのではないだろうか。父光秀が野心や私怨によって謀反を起こしたのであれば、このような表現にはならなかったはずである。このことが彼女の夫に従うことのむずかしさ、つまり離婚の話に結びついている。父光秀の謀反に対して、彼女は正当な理由があったと考えていたのである。彼女は、亡き父光秀に対する侮辱は許さないと、夫忠興に強く意思表示するつもりであったと思われる。

実は、光秀にはしかるべき理由があったらしいことは、フロイスの「日本史」にも示唆されている。光秀が四名の家臣に謀反の意思を打ち明けた際、「彼（光秀）にはそれ（謀反）を強いる緊急の事柄と確固たる理由があった」と述べている。この記述は、「信長の死について」には見られない。光秀の動機について教会において事後に話題となったのもしれない。

オルガンティーノが結ぶ父と娘

光秀の使者として、細川家に沼田権之助光友が派遣されていた。細川父子に文書と口頭で援助を要請していたが、同時に細川家に嫁いでいたガラシャにも伝言があった可能性が高い。ガラシャの周囲の家臣たちは、明智家から細川家に移籍した者たちが中心であったと思われる。使者は、ガラシャ本人に会えないとしても、かつて明智家にいた者たちに何らかの伝言をしていたことが考えられる。ガラシャは、それを聞き、父光秀の事情を理解したのではないか。彼女には、さらにもうひとつの有力な情報源があった。それこそが、本能寺の変に深く関わっていながら生き延びたもう一人の人物、オルガンティーノである。

一五八七年一〇月一日付、平戸発、アントニオ・プレネスティーノの書翰には、ガラシャが大坂のキリシタン教会を訪問したことが記されている。このことはフロイスの「日本史」にも記されているが、その内容はプレネスティーノの書翰を基にしているものと考えられる。

天正一五年二月二一日(一五八七年三月二九日)、ガラシャは、夫忠興の不在中に侍女たちを連れて、お忍びで大坂のキリシタン教会を訪問した。その日は偶然にも復活祭の日であった。このとき、大坂の教会にはグレゴリオ・デ・セスペデスがいたが、彼の日本語が十分ではなかったからか、日本人イルマンのコスメが呼び戻されて、彼女にキリシタンの教えを説くことになった。彼女は、コスメの説教に感銘を受けてその場で受洗を望んだが、セスペデスがそれを保留にした。夕方、細川家から迎えの者が来ると、彼女は帰宅することになった。教会では名乗らない高貴な夫人が誰なのか知るために、彼女のあとをつけさせたところ、細川家の屋敷に入るのを見届けてみなが喜んだという。教会では、彼女が秀吉の側室であることを危惧したのである。

彼女がキリシタンの教えに関心を持っていたから教会に行こうとしたのは確かであろう。しかし、彼女には、もうひとつ知りたいことがあったのではないか。それは父光秀を始めとする明智一族の最期ではなかったか。教会にいるオルガンティーノが、すべてを知っているはずであると、彼女は考えたのではないか。本能寺の変のあと、自分の姉妹や弟たちが坂本城でオルガンティーノに会ったことを、おそらくガラシャは聞いていたのではないかと思われる。すると、彼女にとっては教会こそが明智一族の最期を知る唯一の存在と映っていたのではないだろうか。

青山学院大学経営学部准教授の安廷苑《アンジョンウオン》によれば、ガラシャに洗礼を授けることを決めたのも、彼女の司牧を担当したのも、オルガンティーノであったという（安廷苑『細川ガラシャ』中公新書）。彼女は、教会を訪れた際に洗礼を受けることを強く希望し、そのときは突然のことでもあったので見送られたが、彼女にとってはキリシタンの信仰こそが彼女と明智家を結びつけるものであったのではないか。

オルガンティーノは、父光秀のこと、坂本城で自刃した姉や弟十五郎たちのことをガラシャに伝えたのではないか。ガラシャがオルガンティーノを信頼したのは、単に彼女に洗礼を授けることを決めたからだけではないであろう。オルガンティーノが彼女の姉や弟たちにとっての恩人だったからではないだろうか。

オルガンティーノは、秀吉の伴天連《バテレン》追放令が発布されたあとも、ガラシャの司牧を最重要事項と見なして誠実に対応した。彼は、一度は大坂を離れながらも、彼女の司牧のために戻ってきたのである。ガラシャは、オルガンティーノと書翰や伝言でやり取りをしていたが、ついに一度も直接会うことは叶《かな》わなかった。会ったことのない彼を心から信頼し、離婚に関することだけでなく、自らの死に関わることまで彼に相談している。すべて明智一族が関わっていたからこそ、短時間で信頼関係が築けたのではないだろうか。オルガンティーノは、光秀とガラシャを、また十五郎とガラシャを結びつける存在だったと思われる。キリシタン教会を通して、すべてがつながっていたと考えることができるのではないだろうか。

光秀とキリシタン教会

光秀は、村重の謀反のときの対応から、キリシタン教会、具体的にはオルガンティーノが自らに与することはないと考えていたであろう。それは同時に、キリシタンである右近も光秀に与しないことを意味する。ダルメイダ報告の記述からは、右近が光秀に与しないであろうことを、光秀自身がわかっていたことが読み取れる（「史料編」19）。

光秀は、京都を制圧したあとも、京都のキリシタン教会には手出しをしていない。オルガンティーノらの安土からの逃避行が京都で終わっているのは、光秀が京都の教会を保護していたからであると考えられる。

光秀自身はキリシタンではなかったが、明智家はキリシタン教会に近い関係にあったといえる。光秀は、キリシタンの高山右近に援助を要請するために、オルガンティーノを探していたか、実は彼が坂本城に来ることを予想していた。オルガンティーノは、光秀の息子十五郎に会うために坂本城にわざわざ赴いているが、混乱の中で坂本城に赴くのは、文字通り命がけのことであったはずである。オルガンティーノは、十五郎に洗礼を授けるために危険を冒したものと考えられる。明智家の家臣にも、キリシタン教会と近い関係にあった者がいたようである。オルガンティーノは、明智家の親族や家臣に洗礼を授けたかもしれない。

光秀は、息子の十五郎とオルガンティーノの関係も知っていた可能性が高い。その一方で、キリシタンの右近が自分に与する可能性はほとんどないと見ていた。光秀は、自らが閉塞《へいそく》状態に陥ってしまったことは理解していても、最後まで冷静であった。

本能寺の変のあと、オルガンティーノの一行は安土から京都の教会へ避難してきた。そこで、彼らはカリオンらと合流したようである。京都の教会は本能寺から至近距離にあったにもかかわらず、直接被害を受けた形跡はない。混乱状態にあって、これはむしろ不自然なことであるといえよう。安土にしても京都にしても、光秀は、キリシタン教会への攻撃はあえてしなかったものと考えられる。

本能寺の変のあとにオルガンティーノらがとった行動については、ダルメイダが報告しているが、オルガンティーノ自身は、明智家との関係はもちろんのこと、事後の経緯については記事を遺《のこ》してはいない。彼は、あえてそれを記していないのかもしれない。

光秀は、将軍義昭などの権威となり得る存在を奉戴《ほうたい》しようとしたが、謀反の背景に光秀を動かしたような人物がいるとは思えない。光秀が怨恨によって信長を討とうとしたとも考えられない。四国侵攻が決定的要因と考えることも、現時点ではむずかしい。家臣の斎藤利三に影響されて謀反を決意したと考えるのも無理がある。光秀本人が謀反が成功すると見ていたかといえば、本能寺の変後の状況を考慮すればそれも疑わしいのである。

ガラシャの死が語るもの

細川ガラシャは、光秀の娘であり、細川忠興の妻であった。忠興が右近からキリシタンの教えを聴き、それを彼女に話すことによって、彼女がキリシタンの教えに関心を持ったとされている。しかし、実際には、ガラシャにとって右近は敬愛する父光秀の仇であった。彼女が右近に親しみを感じていたと考えることは無理がある。ガラシャに洗礼を授けることを決め、のちに指導していくのは、オルガンティーノであった。彼女は、彼に直接会ったことはない。それにもかかわらず、ガラシャが彼を深く信頼したのは、彼が明智一族、とりわけ彼女の弟たちと親しかったからではないか。状況から推測するに、明智家には、ガラシャの二人の弟を始め、キリシタンかその教えに心を寄せた者が少なからずいたのではないかと思われる。

光秀が謀反を起こした理由は、野心でも私怨でもない。それでは、光秀は謀反を起こすことで何を守ろうとしたのか。

それは娘ガラシャの死に反映されているのではないだろうか。

それでは、ガラシャは、自身が標的とされた状況において死を選ぶことで、何を守ろうとしたのか。彼女が自らの命よりも優先したのは、細川家の存続である。細川家の存続には、ほかならぬ彼女の息子が家督を継ぐことが絶対条件であったはずである。彼女には息子が三人いるので、いずれかの息子が細川家の家督を継ぐことは確実であると思っていたであろう。結局、長男忠隆《ただたか》は廃嫡され、次男興秋《おきあき》は切腹させられ、三男忠利《ただとし》が家督を継いだが、これは彼女の予想外であったはずである。同様に、光秀の真意を読み解くカギは、親子関係にあるのかもしれない。

なぜ光秀は謀反を起こしたのか

最後に、以上から、私の推論を少し述べることをお許しいただきたい。

光秀の娘のガラシャにとって、自らの死は、いわば第二の本能寺の変だったのではないか。ただし、標的となった彼女の心中の戦いである。彼女は、自らの死に臨んで、自分が試されていると感じたのではないだろうか。彼女は、光秀の娘として恥ずかしくない最期を迎えることを望んだのであろう。たとえ夫忠興のいいつけがなくても、父光秀の仇である豊臣《とよとみ》方の人質になることなど、光秀の娘としては到底受け入れられなかったはずである。夫忠興も、そのことは知っていたものと思われる。彼女は、夫のいいつけを守ったことになり、キリシタンの教えにも反しないのであれば、潔く最期を迎えることにためらいはなかったと思われる。細川家が、ほかならぬ自分の息子によって存続できると確信を持った以上、彼女に後顧の憂いはなかったはずである。

光秀の真意は、娘の彼女が汲《く》み取ったものであるから、ある意味では同じものだったのではなかったか。父が明智家を守ろうとしたように、彼女も細川家を、そして自分の息子たちを守ろうとしたのではないだろうか。光秀が謀反を決意した時点では、当面の目的は信長を討つことであったと考えられる。光秀がその後の態勢を熟慮していたとは思えない。光秀が状況判断を誤ることはあったかもしれないが、終始状況を冷静に見ており、それが変わることはなかったように思う。

光秀が謀反を起こしたのは、彼自身の立場や命ではなく、明智家の存続が脅かされるような事態が生じたので、謀反という形でそれを強引に回避しようとしたのではないか。主君信長を殺害すればその事態は回避できることになるので、それは信長との関係によるものである。信長が悪逆非道だから取り除くというのは、光秀が信長の忠実な家臣であったことを考慮すれば実に疑わしい。そもそもそれだけの理由で、光秀が一族郎党を危険に晒すとは考えがたい。

当時から光秀の野心だけでは謀反の理由が説明できず、面目を潰されたことなどによる怨恨が指摘されたのも、光秀自身が本当の理由を口外しなかったか、あるいは口外できなかったからではないだろうか。つまり、本当の理由は、他の大名に協力を要請するための名目にはならなかったのではないか。

國學院大學兼任講師の藤本正行《ふじもとまさゆき》氏は、戦国史家の鈴木《すずき》眞哉《まさや》氏から教示されたという、高瀬羽《たかせう》皐《こう》氏（一八五三～一九二四）が雑誌「刀剣と歴史」に掲載した論文「本能寺の実歴談（一）」を紹介している（藤本正行『本能寺の変』洋泉社歴史新書y）。

高瀬氏は、ジャーナリストで社会事業家、愛刀家でもあった。高瀬氏所蔵の「山鹿《やまが》流の秘書」なる文書には、正保《しょうほう》・寛文《かんぶん》の頃（一七世紀中期）に、斎藤利三の三男でのちに旗本になった斎藤利宗《としむね》（一五六七～一六四七）の供述が収録されているというのである。

実のところ、「山鹿流の秘書」とは書名なのかどうかもわからない。書名が明記されていなかったので、このように呼んだ可能性も否定できない。高瀬氏の書き方では、どこまでが引用なのか判然としない部分もあるが、それによれば、利宗は、父利三から以下のような話を聞いたというのである。

天正一〇年六月一日、光秀は、亀山城《かめやま》に斎藤利三、阿部《あべ》淡路守《あわじのかみ》、柴田《しばた》源左衛門《げんざえもん》などの老臣三、四人を呼ぶと、まず自分に同意できないのであれば、自分の首を刎《は》ねろとまでいった。家臣たちが主君光秀に同意すると、光秀は、信長が光秀を誅殺《ちゅうさつ》すべしとして数カ条の罪を挙げていたことを告げた。利三は、それを聞いて自ら先陣を買って出たのである。そこで、光秀が喜んで、秀満を呼ぶと、秀満が勝手口から起請文《きしょうもん》を持って出てきて、みなに起請文を書かせた。以上があらすじである。

この話は光秀から見た状況をよく表しているように思う。光秀が謀反を起こしたのは、野心や怨恨によるものではないことになる。光秀から謀反を仕掛けたのではなく、原因が信長にあったとすれば、光秀の家臣が即座に同意したのも理解できる。光秀は、細川家などに援助を要請する際に、謀反の理由を明確には述べていないが、光秀が誅殺されるから謀反を起こしたというのでは、ほかの大名に説明しても受け入れられないであろう。

光秀が、同意できないのであれば、自分の首を刎ねろと家臣たちに述べていることは、光秀が自らの命を惜しんで謀反を起こしたのではないことを示しているのではないか。光秀が切腹すれば済むようなことではなかったものと思われる。斎藤利三が先陣を務めることを申し出ているが、利宗が利三の息子だからこう供述したのではなく、信長が光秀を誅殺する理由に利三が関係していることを意味するのかもしれない。信長のいう誅殺とは、明智家の一族郎党すべてが対象になっていると考えられる。明智家は、もちろんそうなれば断絶することになる。光秀には、荒木村重の謀反が思い起こされたことだろう。

歴史作家の桐野作人《きりのさくじん》氏は、加賀《かが》藩士の関屋政春《せきやまさはる》（一六一五〜八六）が執筆した「政春古兵談《こへいだん》」の記事を紹介している（桐野作人『明智光秀と斎藤利三』宝島社新書）。政春は、山鹿素行《そこう》に兵学を学んでいる。同書は、斎藤利宗の甥《おい》の井上清左衛門《いのうえせいざえもん》が語ったことを政春が書き留めたものであるという。桐野氏は、信長が光秀を折檻《せっかん》したことの根拠としているが、利宗の話はこのような形でも伝わっていたようである。

しかし、信長の側からすれば、これでは説明がつかないことがいくつもある。信長は、なぜ光秀を誅殺することにしたのか。信長は、しばしば心変わりすることがあっても、まったく理由のないことを行なうとは思えない。信長は、佐久間信盛《さくまのぶもり》父子に対しては追放しただけであって誅殺するには至っていない。

信長の四国政策の転換が光秀に立場を失わせることになったといわれているが、この問題に関連して、光秀の何らかの行動が信長の逆鱗《げきりん》に触れたことはなかったのか。また、信長が光秀を誅殺しようとしたことが、一体どこから漏れたのかも大きな問題である。信長に光秀を誅殺する意図があったのならば、なぜ京都の本能寺に軍隊を伴わずに宿泊するという無警戒なことをしたのか。このように考えるならば、解明すべき問題は、光秀よりも信長のほうにむしろ多いのかもしれない。

斎藤利三の三男利宗が、江戸幕府の旗本に取り立てられていることにも理由があるものと思われる。光秀が謀反人であるというのならば、その重臣の息子を旗本に取り立てるのは、明らかに不都合である。徳川家光の乳母を務めた春日局（斎藤福《ふく》、一五七九〜一六四三）が、利三の娘であったことはよく知られている。彼女は利宗の実妹にあたる。徳川家にとって、光秀は反逆者などではなく、むしろ恩人であった可能性がある。カリオンは、光秀が家康を討ち損ねたかのような書き方をしているが、光秀は、実際には家康が三河国に退避するのを知っていながら放置していたのではないだろうか。家康にとって光秀が恩人であったとしても、そのようなことは書き遺せないであろう。本能寺の変を、光秀による謀反という事件として捉えるとしても、事後の経過をたどることで、物事がどのようにつながっていたのか、その糸が手繰れるのではないかと思う。

本能寺の変という歴史的大事件をめぐってキリシタン史料を再検討していくと、意外にも光秀と子どもたちとの親子関係が見えてくるように思う。それをつなげていたのは、キリシタン教会、とりわけオルガンティーノであった。ガラシャと十五郎を結びつけたものもキリシタン教会であり、それを我々に伝えてくれるのもキリシタン史料である。本能寺の変の真相を娘ガラシャが知っていた可能性が高く、ガラシャの死を通して光秀の真意を推測できると思う。ガラシャが死を迫られたとき、その選択に父親の死を投影させていたと見ることはできないだろうか。ガラシャが細川家を守ろうとしたように、光秀も明智家を、もっとはっきりいうならば、十五郎を守ろうとしたのではないか。光秀の家臣斎藤利三と息子の利宗も、もうひとつの親子関係である。親が子に伝えたこと、子だからこそわかることがあるのではないか。

キリシタン教会がつなげた親子の絆《きずな》、それを我々にキリシタン史料が伝えてくれている。

史料編　ルイス・フロイス「信長の死について」

（一五八二年一一月五日付、口之津発、ルイス・フロイスのイエズス会総長宛書翰）

【解題】

・拙訳は、ローマ・イエズス会文書館所蔵の「日本・中国部」第九冊所収文書Archivum Romanum Societatis Iesu, Jap. Sin. 9-I, ff. 96r.-105v. からの翻訳である。

・各段落の冒頭の番号は、翻訳者が便宜的に打ったものである。

・フロイス書翰については、『日本書翰集』第二巻（エヴォラ、一五九八年）所収史料からの日本語訳が、村上直次郎訳・柳谷武夫編輯『イエズス会日本年報』上（雄松堂書店、一九六九年）および松田毅一監訳（当該個所は東光博英訳）『十六・七世紀　イエズス会日本報告集』第Ⅲ期第六巻（同朋舎出版、一九九一年）に収録されているが、内容的に近いので参考にした。

・翻訳文中の〔　〕は翻訳者註、（　）は原文書註を示すものとする。一レグアは約五・六キロメートルであるが、一里（約三・九三キロメートル）と同じ距離と見なされたものと考えられる。クルザードはポルトガルの通貨単位。本史料20に七千クルザードが千両に相当するとあるので、一両は七クルザードと見られる。タンガはポルトガル領インドの貨幣（銀貨・銅貨）または通貨単位。なお、＊＊＊は便宜的に翻訳者が加えたものである。

イエズス
キリストにおける大変尊敬すべきパードレ

キリストの平安

1　一五年来、我々がここ都から認《したた》めた書翰《しよかん》によって、〔織田《おだ》〕信長《ノブナンガ》の出自と彼についての諸事がよく理解されるであろう。彼は、尾張《おわり》という領国の半ばのみの領主であったが、策略と武勇によって日本全土の国王である内裏《ダイリ》に次ぐ人物である公方様《クボーサマ》に都を所有させ、戦さにおいては勇敢であり、寛大な気質であり、生来の思慮分別を備えているので、つねに日本人の気持ちを捉《とら》え、のちにはかの公方さえも都から追放すると、日本の君主国と言うべき、すなわち天下と呼ばれる近隣諸国の征服を開始した。これが望ましい結果となったことによって、彼は自らの名声、評判、そして領土を拡大した。その結果、短い年数で五〇カ国以上を征服して自らの支配下に置き、征服した国王たちを殺害して莫大《ばくだい》な数量の財宝を蓄積した。それにより、彼は、日本の主要な富と貴重な品々すべての所有者となった。彼がこれらの財宝を手にしたこと、および自らの権力と名声をさらに誇示するために日本において行なった記憶に留《とど》めるべき事柄は、書翰を冗長なものにするので述べないでおく。彼は、近江《おうみ》国の都から一四レグアの安土山《アズチヤマ》と呼ばれる場所に大変驚嘆すべき見事な城と宮殿を建造したが、最も誇らしい事柄のひとつは宮殿と七層からなる城の美麗さと豪華さであり、その足許《あしもと》に新たな都市を建設した。その都市は日増しに繁栄し、すでに長さ一レグアとなっている。征服した国々をより確実なものにするために、諸国の重立った領主たちを妻子と一緒にそこに住まわせ、大きく豪華な屋敷を建設させた。都から安土までは既述の通り一四レグアあるが、ここに広い土地のような平らな道を造ったが、その一面には植樹し、もう一面にはすべての者が足を濡《ぬ》らさずに通れるように極端に大きな橋〔状の歩道か〕を造った。征服した諸国にも可能な限り同様のことを行なっていき、同地全域では人々が好戦的なので戦さが打ちつづく状態であったが、彼は策略と知恵によって徐々にすべてを平和と平穏にしていった。彼が統治する前、道ではほぼ一レグアごとに高い関税や通行料が課されていたが、彼は、これをすべて免除したので何も払わずに済み、これによって一般庶民の気持ちをいっそう摑《つか》むことになった。日本の国王の宮殿を改築し、再び多くの定収入を与え、内裏〔正親町《おおぎまち》天皇〕の御子《みこ》〔誠仁《さねひと》親王〕のために都に高価で豪華な宮殿を新たに建築した。かつてこの君主国を支配した者たちにはほとんど見られなかった特別なことが彼にはあった。それは、日本の偶像である神仏を心から軽蔑《けいべつ》し、日本人が従う占卜《せんぼく》や予言をまったく恐れないことである。天下にあった多数の壮麗な寺院、大学、巡礼地の修道院について、彼がその大半を破壊し、荒廃させたので、神は、坊主《ボンゾス》、寺院、そして偶像崇拝に対する鞭《むち》として彼を採り給《たも》うたものと思われる。坊主たちと戦い、これを殺害して破壊するかのようであったが、それを行なったあとには、多大なものであった偶像の聖職者たちの定収入を兵士や貴族に分配した。彼が支配を開始したあと、日本の国王、大身、領主といったほかのすべての人々を軽蔑していたにもかかわらず、彼は、我々にはつねに多大の恩情をかけ、我々が異邦人であるので同情すべき人として我々を扱った。何度か彼は、我々に対する競合者の策略と我々に対する偽証による告発が頻繁にあるが、司祭たちの生活とその教えが善良で真実であることを知っているので、彼自らの生命《いのち》のある限り、我々は何ら迷惑や侮辱を受けることなく、彼の領内に神の教えを説き、教会を建立するようにと述べた。そして、彼は何度か説教を聴き、彼に示された道理がもっともなものであり、そうしたものに納得したことを示したが、彼には尊大さと傲慢《ごうまん》さが勝っていたので、恩寵《おんちょう》ある教化と啓蒙《けいもう》を受けることができなかった。

2　彼は、戦さにおいて実に好都合な成果を収めていったので、武力によって征服されていない坂東《ばんどう》地方の遠隔諸国が彼の名声、富、そして権力を伝聞しただけで使者を派遣して彼の支配下に入った。彼は、すべてが自然の創造主の強力な御手より受けた大いなる利益と恩恵であることを認識し、謙虚になる代わりに、自らの権力に対して大変傲慢になったので、狂気と傲慢が追いやる最終段階に到達した。こうして自ら日本全国の絶対的支配者と称することにも、日本の老人たちが諸国のいかなる国王や王子にも見たことも記されたこともないというほど心からの深い崇拝と尊敬を五〇カ国以上から受けることにも満足せず、結局、興奮して熱狂した状態で悪魔的傲慢さをもって、地上の死すべき人間としてではなく、あたかも神のような不滅の主人としてすべての者から崇拝されることを要求して、ナブコドノゾール*1のような傲慢さと無礼を突如として現わすことを決意した。この凶悪な嫌悪すべき欲望を実現するために、彼は、城から離れた山にある彼の宮殿に接してひとつの寺院を建立することを命令した。そこに、彼は、悪意に満ちた野望の意図を記したが、それを我々の言葉に翻訳すれば、このように述べている。

3　この日本の諸大国において、遠方から望む者に喜悦と満足を与えるこの安土城に、日本全国の領主である信長は、摠見寺《ソーケンジ》という名の寺院を建立した。彼を大変崇拝し尊敬する者が受ける恩恵と利益は、次の通りである。第一、ここに参詣《さんけい》する裕福な者は、ますますその財産を殖やし、ここに参詣する身分が低く哀れな貧しい者は、この寺院を訪れた恩恵によって裕福になり、子孫を繁栄させるための子どもや跡継ぎを持たない者は、すぐに子孫を持ち、天寿を全うし平和と安寧を享受するであろう。第二、寿命は八〇歳にまで延び、病気はすぐに全快し、自らの願望、健康、そして平穏を得るであろう。毎月、予の生誕の日を祝日とし、この寺院の参詣日と定める。これを信仰するすべての者は相違することがないことに疑いはなく、信仰しない邪悪な者は、現世にも来世にも滅亡の道をたどるであろう。したがって、みなが一度以上はこの寺院を完全に崇拝し、尊敬することが大変必要となる。

4　上述の通り、信長は、彼の支配のすべての演説において、ほとんど神仏の信仰と崇拝を行なわなかったが、今や彼の盲目は最高潮に達し、日本中で最も崇拝されている偶像を安土の寺院に運んでくるよう悪魔が彼に命令したものと思われる。そこでは、巡拝者の参詣がさらに多くなったが、偶像を崇拝するためではなく、これを口実に彼がよりいっそう崇拝を受けるためであった。日本においては、通常、神の寺院に神体《シンタイ》と呼ばれるひとつの石がある。それは守護聖人である神の心と体を意味する。それは安土の寺院には存在しなかった。かつて信長は、現世において崇拝されることを望んで、彼自身がまさしくその神体にして生ける神仏であり、信長以外に宇宙の支配者も自然の創造者もないと述べていた。同様に、彼の家臣たちは、信長以外には崇拝すべきものはないと明言していた。これは家臣たちが好んで信長に述べたことであるが、自身に好都合であったからである。彼に対する尊敬がそこに集められた偶像に対する崇拝に劣らないようにするために、ある人がこの目的に適う盆山《ボンサン》という名のひとつの石を彼にもたらすと、信長は、すべての仏よりも上になる寺院で最も高い場所に、ある種の壁龕《へきがん》または閉じた小祭壇を造らせ、彼にその石を置かせた。さらに彼はすべての支配国に布告し、上述の領国のすべての都市、町、そして村から主要な貴族や庶民、全階層の男女が、今年の彼が生まれた第五の月にかの寺院を訪れ、彼がそこに祀《まつ》った神体を崇拝することを命令した。諸国から信じられないほどの人々の集団が来た。信長は、世界の創造主で救世主である神にのみ帰すべき信仰と崇拝を自ら横取りしようとして、とてつもなく尊大で無謀になったので、我々の主なる神は、彼が人々の集団を見て浸る満足感が長く続くことをお許しにならなかった。なぜならば、上記の参詣を実施した安土山の祝祭〔一五八二年六月二日か〕から一九日を経たとき、これから述べるように、彼の身体は地に灰燼《かいじん》に帰し、霊魂は地獄に深く葬られたのである。

5 彼の世継ぎの息子は名を城介《ジョーノスケ》殿《ドノ》〔織田信忠《のぶただ》〕といい、もともと我々の事柄に心を傾けて好意を抱き、パードレたちに好意を示して、自らの都市に教会を築くための平坦《へいたん》な土地とひとつの大きな十字架を立てるための原野を与えたが、時世に順応するためか、父を喜ばせるためか、あるいは彼も同じ欺瞞《ぎまん》に屈したためか、その死の少し前、甲斐《かい》国の国王〔武田《たけだ》勝頼《かつより》〕からの勝利から四カ国を奪って父とともに帰還したとき、その地方で大変崇拝されている一体の偶像を持ち帰り、それがいっそう崇拝されるよう尾張国に置くことを命令した。彼は最後に都に着いたとき、そこから三レグアのところにある愛宕《アタング》〔神社〕という名の悪魔に、彼に勝利をもたらしたことに対する御礼として二千五百クルザードを寄進した。彼は、その悪魔にさらなる祈禱《きとう》を捧《ささ》げるために、自らの屋敷において着物を脱いで雪で身体を洗った。これはそれに対するある種の犠牲であった。しかし、このすべての奉仕に対する報いは、以下に述べるように、それ〔一五八二年六月一八日〕から三日後、多数の傷を負って、肉体はそこで霊魂は地獄で焼かれて死ぬことであった。

6　神はもとよりすべての者に無限の温情と慈悲をお与えになるが、かの地方から我々のパードレたちは、彼の死の前に複数の不思議な前兆や驚異的な予兆が起こった〔ことを報告した〕。これは不幸な男がこれを畏怖《いふ》して我に返り、神を天地における絶対主と認めるためのものであった。これらの書翰は以下のように述べている。

7　今年一五八二年三月八日〔天正一〇年二月一四日〕、夜一〇時に東方一帯の空が大変明るくなり、信長の城の最高の塔の上が大変赤くなったので、我々は大変驚嘆したが、それは朝近くまで続いた。明るく赤い状態は大変低いところであったので、二〇レグアのところからは見えないと思われたが、我々は、のちに豊後《ぶんご》においてもその徴《しるし》が見られたことを知った。信長はこのような驚くべき徴にもかかわらず、恐れることなくそこから八、九レグアの道のりとなる甲斐国の国王に対する戦さに向けて出発したので、カーザ〔修道院〕にいた我々は驚嘆した。かの国へは最初に彼の世子が赴き、彼がその後に続き、戦さにおいて成果を収め、国王とその息子を殺害して広大な四カ国を奪い取った。この国王は、彼が大変苦しめられ、つねに恐れていた敵の一人であったので、その勝利によって彼はより尊大になった。

8　〔一五八二年〕五月一四日〔天正一〇年四月二二日〕月曜日、夜九時に彗星《すいせい》が現われた。それは数日間流れて長い光を放って、みなを大変驚かせた。それから数日後の正午にも、安土に天から彗星のような物が落下した。カーザの七、八名の者がこの大変新奇なことを見て驚いたが、それゆえ、これらの徴を熟慮する者は何かを恐れないわけにはいかなかった。しかし、日本人たちはこれらの不思議なことの原因をほとんど知らないので、これが何なのか用心も考慮もしていないかのようであった。

9　信長は、大変容易に自らの帝国に服属させた諸国から戻ると、自らの新しい都市である安土を拡張し巨大化させることに専念したが、毎日多数の新しい家を建築して多数の大きな家を建築すれば、それだけ彼に大きく奉仕したことになった。毛利《モーリ》の征服者となった羽柴殿《ファシバンドノ》〔秀《ひで》吉《よし》〕は、屋敷の建築を開始し、胸壁用の石のみに一万二千ないし一万五千クルザードを費やした。信長は過去の戦さが大変順調にはかどったのを見ると、四、五年続いている毛利との戦さをも早く終結させることを望み、これを征服するために羽柴殿をすでに派遣していた。彼は、血筋は下賤《げせん》であったけれども、思慮深く戦さに精通した人物である。彼は、すでに毛利から七、八カ国を奪っており、その技量によって昇進し、重用されている。彼が毛利の領国を征服し、奪取するにつれて、信長はこれを彼に与えた。この毛利は、山口の国王であり、一三カ国の領主であるが、すでに大変圧迫されていると見たので、能力を最後まで尽くして死に至るまで防戦することを決意し、このために多数の兵士を集めた。羽柴殿は、二万から二万五千人を率いるのみであったので、彼に援軍を送るよう、三万人以上いれば数日中に毛利の全領国を片づけ、その首を信長に献上するつもりなので、自らは来ないようにと、信長に認めた。しかし、信長は、都に実際に来たように来て、そこから堺《さかい》まで行くことを決意した。彼は、毛利を征服しおえて日本全国六六カ国の絶対的領主となったならば、中国〔大陸〕に征服にいくために大艦隊を準備させ、彼の息子たちに諸国を分配することを決意した。息子たちについては、城介殿〔信忠〕という名の世継ぎの息子には美濃《みの》、尾張の両国と甲斐国の国王から新たに奪取した四カ国をすでに与えていた。この者は、ほかの一般書翰に見られることによれば、生来よい人物であり、我々の友人であった。御茶筅《オチヤセン》〔織田信雄《のぶかつ》〕という名の次男には、信長は、ほかの二カ国を与えており、彼が安土より都に向けて発《た》つ前に派遣している。三男については、四カ国を意味する四国に派遣し、今や日本全国の領主となったかのようにこれらの国を与えた。この三男は、三七殿《サンシチドノ》〔神戸《かんべ》信孝《のぶたか》〕という名であり、つねに我々のよき友人であり、神の事柄に心を寄せていた。父は、出発前に彼に黄金で一万四千ないし一万五千クルザードとその他の立派な品々を贈り、彼の兄の世子〔信忠〕も多数の品々を与えた。彼は、よい性質によってみなから愛されていたので、そしてこうすることが信長への奉仕になると理解していたので、すべての領主は、彼に黄金を献上した。彼は、堺において乗船するために一万四千名を率いて都を通過したが、〔それらの〕人々は壮麗であり、見ることが喜ばしいものであったといわれる。彼が我々の親友であることに加えて、すでに宮廷には彼の寵臣である高貴な数人のキリシタンがおり、彼の母も異教徒ではあるが息子の勧めによって我々のことに気持ちを寄せ、我々のカーザを何度か訪問した際にそれを示している。パードレ〔カリオン〕が彼に別れを告げるために彼の屋敷に赴くと、彼は次のように明言した。私〔信孝〕は父の命令によって、かの四国の領国を奪取するために阿波《あわ》に赴く。これらの領国を平定したなら必ず私は貴殿の教えが広がることを期待している。このために、貴殿に定収入をほかのところから受ける必要がないように与えるつもりである。私は、貴殿がつねに私に抱いていた期待と信頼から類似の機会を待っていたことをよく知っている。今や貴殿の願望は叶《かな》えられ、私がこれを実行するのは確かであると見なせと述べて、これらの言葉とほかの類似の言葉をもって、我々全員を深い敬意と親愛の情をもって遇して別れを告げた。イルマン・ロレンソには、かの諸国において多数のキリシタンを作ることに着手するために、彼と一人のパードレ〔カリオンか〕をすぐに招くはずであると述べたが、これは多数の人々の前であった。

10　この信長の息子がここを通過したとき、最も年長の息子と信長の義弟である三河《みかわ》の国王〔徳川家康《とくがわいえやす》〕、さらにその他の占領した諸国の領主たちも都に到着したが、これは彼らに都を見せるためであった。三河の国王が我々のカーザに宿泊することを望むかもしれないと懸念して、都ではそのようにいわれていたので、イルマンたちと私〔カリオン〕は、ここカーザに滞在していた。しかし、我々の主は、このような困難を我々に与えることをお望みにならなかった。国王は、我々の修道院の側に宿泊し、二、三日後の信長が来る前、堺と奈良の両都市を見るために立ち去った。これは我々が以下に述べる通り、のちに起こったことへの小さからぬ神意であった。

11　信長がここ都に到着すると、羽柴殿〔秀吉〕が人々を要請することを急いできたので、信長は、家臣を伴った多数の領主たちを派遣した。そのなかの一人がジュスト〔高山《たかやま》〕右近殿《ウコンドノ》であり、信長がここに到着する一日か二日前に出発したが、もしそうしていなければ、彼も網にかかっていたであろう。信長とともにここに留まった者はほとんどなく、彼と彼の世子は、互いに三、四区画離れたところに滞在していた。二、三日後と思われる堺に赴くとき、信長に随伴するためにそこに待機していた大身たちもいた。このとき、安土には、パードレ・オルガンティーノ、パードレ・ジョアン・フランシスコ〔・ステファノーニ〕、イルマン・シメアン・ダルメイダ、イルマン・ディオゴ・ペレイラ、イルマン・ジェロニモ・ヴァス、日本人イルマン・ヴィセンテ、そして神学校の少年たちがいた。パードレ・グレゴリオ・デ・セスペデスは、二、三日前、日本人イルマン・パウロとともに安土から美濃国に戻り、三ケ《さんが》にはパードレ・ジョゼフ〔・フォルラネート〕と日本人イルマン・コスメがおり、ここ都には、パードレ・〔フランシスコ・〕カリオン、イルマン・ロレンソ、イルマン・バルトロメウがいた。

12　信長の宮廷に明智《アケチ》〔光秀《みつひで》〕という名の生来低い身分で卑賤の家系の人物がいた。信長の支配の当初、ある貴族《フィダルゴ》に仕えていたが、策略、慎重さ、そして洞察力によって大変重用されるようになった。彼は、みなから嫌われ、裏切りを好み、処罰には残忍であり、暴君であり、戦さにおいて術策を弄《ろう》する鋭敏さを備え、勇敢な気質であり、築城における有能で完璧《かんぺき》な設計者であった。彼は低い身分の者に過ぎなかったが、信長は、丹波《たんば》と丹後《たんご》という二カ国を彼に与え、他国の定収入の半分を超える比叡山《フィエイノヤマ》の大学のすべての定収入を与えた。明智は、ひどいもので際立つことを、すなわち日本君主国の国王となり得るか否かを試みることを望んだ。まさにこのとき、信長は、毛利を滅すために三万人を率いて羽柴殿に援助に赴くよう彼に命令した。彼は、信長と彼の世子がともに都におり、多数の人々を率いていなかったので、彼らを殺害する好機と見て、自らの意図を実行することを決意して、明智は、ここから五レグアのところにある丹波国のある城にすべての家臣を呼び寄せた。兵士たちはみな、それが戦場につながる道ではなかったので驚いたが、彼は、明敏で誰にも自らの決意を明かさなかったので、彼のこうした大胆さを想像できる者はいなかった。聖体の祝日から八日目の水曜日[*2]〔一五八二年六月二〇日〕、軍隊が城に集結したとき、彼は、四名の司令官を呼び、信長と彼の息子を殺害して天下《テンカ》、すなわち君主国の主《あるじ》となることを決意したと密《ひそ》かに述べた。みなが驚いたが、彼がすでにこれを行なうことを決意しているので、彼の意図を実現しないわけにはいかず、彼を助けるほかないと答えた。彼は、すぐに実行すべき方法について命令を与え、彼らのうちの誰も裏切ることができないよう彼の面前で武装させた。こうして彼らは夜中に出発し、夜明け頃に都に到着した。明智は、さらに自分の留守中に騒乱が起きないようにという口実によって、諸城を整備し、警備を固め、つねにそれらを監視するよう命令した。都に入る前、彼は、都に入る際にいかに立派で壮麗な軍隊を率いているのか信長に示したいので、よく整備するよう全軍に布告した。これは、今年〔一五〕八二年七月二〇日[*3]、水曜日のことであった。さらに、全銃兵隊に火縄に点火し引鉄《ひきがね》にはさませ、槍《やり》を準備するよう命令した。家臣たちは、何事かと疑いはじめ、もしや信長の命令によって、明智は、信長の義弟である三河の国王〔徳川家康〕を殺害するつもりかと考えた。それで、信長が都において宿泊することを習慣としていた本能寺《フォンノージ》という名の大きな修道院の近くに到着したが、そこからはすでに坊主たちを追放して相当な宮殿を建てていた。夜明け前、これらの三万の人々は、修道院を完全に包囲していた。都市では想像もしていなかったので、ほとんどの者が何かの騒ぎが起きたと考えたが、これが都中に広がりはじめた。我々のこの教会は信長の場所からわずか一区画しか離れていなかったので、すぐに数人のキリシタンがここに来た。私〔カリオン〕は、早朝のミサを行なうために服を着替えていたが、彼らは、宮殿の前で大変な事態と思われる騒ぎが起きたが、そこで思い切って戦うつもりなので待つようにと私に述べた。すぐに何度か銃声が聞こえ、火が上がりはじめた。じきに、これは争いごとではなく、明智が信長を裏切って敵となり、彼を包囲したとの伝言が届いた。そして、明智の人々が信長の宮殿の門前に到着すると、すぐに侵入したとの別の伝言が届いた。このような謀反にもはや疑いはなく、彼に抵抗する者もいなかったので、彼らは、侵入すると信長を見つけた。彼は、手と顔を洗い終えてタオルで拭《ぬぐ》っていたが、兵士たちは、すぐに彼の背に矢を射た。信長は、これを引き抜き、鎌のようなもので長尺の武器である薙刀《なぎなた》を手にして出てくるとしばらく戦ったが、片腕に銃弾を受けると自室に退いて扉を閉めた。彼は切腹したと言う者もいれば、屋敷に放火して死んだと言う者もいる。しかし、我々が知っているのは、かつて声はおろかその名だけで人々を畏怖させた人物が、毛髪一本残すことなく灰燼に帰したことである。

13　このように素早く信長を倒して、同じく宮殿に宿泊していた若い武士たちを殺害して、かの修道院をすべて焼き払うと、これはすぐに都中に広まり、内へ入ろうとして駆けつけた殿たちは、街が占領されたので入ることができず、世子〔信忠〕の屋敷〔妙覚寺《みょうかくじ》〕に引き返した。彼は、まだ就寝中であったが、知らせを聞くと起き、彼が宿泊している修道院も安全ではないと見たので駆けつけた人々とその修道院に近い内裏の御子の屋敷に赴いた。これはその近くにあって安土のものに次ぐ立派な宮殿であり、三、四年前、信長が建て、内裏の御子が住むために贈ったものである。世子は、とても急いでいたので刀しか携えておらず、そこは女性たちがいるだけの内裏の御子の住居なので、ほとんど武器がなかった。このような宿泊客は御子には荷が重く、京都所司代の村井《ムライ》殿《ドノ》〔貞勝《さだかつ》〕が世子に同伴していたので、彼の勧めによって武装し騎乗して街路に来ていた明智に使者を送った。そこでは、御子がどうするのが望みなのか、彼も同様に切腹すべきかと尋ねた。明智は、御子には何も望まないが、信長の世子を逃がさないようにするために、騎馬や駕籠《かご》に乗らず退去するようにと答えた。この伝言によって、内裏の御子は、女性たちとともに退去し、都の上手に向かい父〔内裏〕の屋敷に入った。その〔二条《にじょう》御所《ごしょ》〕中の人々は、選《え》りすぐりの大領主であったので、大変よく防戦し、こうして一時間以上も戦った。しかし、外の者が多勢でよく武装しており、多数の鉄砲を備えていたので、彼に抵抗することは困難であった。世子は、大変雄々しく勇敢に戦い、多数の傷を鉄砲と矢によって受けた。結局、明智の多数の人々が勝って侵入し、放火し、多数の者が焼死した。世子も、兵士や高貴な武士たちと一緒に焼死した。

14　明智の兵士たちは、多数が街路や家屋を巡回して首級を斬り差し出すために信長の家臣、武士や高貴な殿たちを見つけ出していた。今や明智の面前には首級が大きく山積みにされ、死体は街路に放置された。すべての一般の人々や都の住民は、事件が終結することを期待しており、家にいる者をより確実に殺害するために明智は都に放火すると考えた。しかし、我々がカーザにおいて危惧《きぐ》したのは、すべての者に共通する恐れによって、我々は、明智が悪魔とその偶像に親しみ、我々に親しみをほとんど持たないかどうかを知らないので、また神の事柄に反感を抱くことは確実であると思われるので、我々は信長の所有物のようなものなので、我々は、明智が我々のところに放火させ、その家臣たちが教会の財産に関する話を聞いて襲撃することを危惧した。しかし、その心配のなかで、明智は、都のすべての街路において人々は恐れなくてよい、都市を焼くことはないと知るように、むしろ私〔明智〕が自らの事柄においてよい成果を収めたのであるからみなが喜びなさい、もし兵士が何事かを働くのであれば、これを殺害しなさいと布告を発したので我々は気を取り直した。巡察師〔ヴァリニャーノ〕が求めによって信長に残した一人の未開人《カフレ》が信長の死後、世子の屋敷へ赴き、そこで長時間戦っていたので、我々は大変心配した。明智のある家臣が彼に近づき、恐れないでと言って刀を求めたところ彼はこれを差し出した。別の家臣が明智のもとに赴き、未開人をどうするか尋ねたところ、彼は、その未開人は動物であって何も知らず日本人でもないので殺さずにインドのパードレたちの教会に預けるよう命令した。これによって、我々は少し落ち着きはじめたが、数日前、信長の義弟〔徳川家康〕が堺へ退去したことで、主がこのカーザにお与えになった慈悲を我々が見てからはなおのことであった。なぜならば、疑いなく〔彼も死ぬべきであり、〕彼を殺害するためには、彼の屋敷に隣接する我々のカーザにも放火する必要があるか、あるいは彼の屋敷よりも我々のカーザが堅固なので彼がここに避難し、こうして我々のカーザが焼却され破壊されることになったからである。

15　これを終えると、明智は、朝八時か九時頃、人々を率いて都を退去し、ここから四レグアのところにある坂本《さかもと》と呼ばれ、安土への途中にある城に向かった。既述の通り、都から安土までは一四レグアあるので、この悲報は昼の一二時に届いた。尊師におかれては、都市に生じた混乱を賢察できることであろう。イエズス会員たちは、起きた事件の真相も知らず、どうしたらいいかもわからずにいた。当日ずっと、彼らは、確かなことがよくわからなかった。なぜならば、この都から五レグアの途中に日本で最良といわれた壮麗な橋〔瀬田橋《せたばし》〕があったからである。それはごく最近、信長が建造させたものであり、この付近に城が置かれ、そこを監視するために一人の司令官〔山岡景隆《やまおかかげたか》〕が留まっていた。彼が信長の死を知ると、明智の軍勢がすぐに安土に行けないようにするためにその橋を切り落とさせた。こうして、彼らは、土曜日〔一五八二年六月二三日、天正一〇年六月四日〕まで行くことができなかったが、明智の多大な努力によって、まもなく橋が再び架けられた。河は大変流れが速く、大変深かったので、それは不可能に思われることであった。木曜日と金曜日〔一五八二年六月二一日・二二日〕、カーザのパードレたちは、明智がどうやって来て、安土の都市と城をすべて何も残さず焼き払うはずであると何度も聞いたので、パードレたちは、そこにいる少数のキリシタンと協議した結果、神学校にいる者たちが安土から三、四レグア離れ、縦の長さ二五レグア*4の湖〔琵琶湖《びわこ》〕の真ん中にあるひとつの島に避難するのがいいと思われた。これを実行するために、かの島より一人の盗賊が現われて、善意と友情を口実に自分の船を彼らに勧め、それ以外に救済方法はないと述べた。最終的に、その金曜日[*5]〔一五八二年六月二二日〕、彼らは、実行しており、パードレ・オルガンティーノは、安土のカーザの見張りとしてイルマン・ヴィセンテを六、七名とともに残して、二八名とともに船に乗った。我々のパードレたちやイルマンたちがここで経験した苦難を知ることができるよう、私〔カリオン〕は、イルマン・シメアン・ダルメイダが安土からの脱出について述べることをここに示すつもりである。そこでは、このように述べている。

＊　＊　＊

16　これらの知らせが安土に届くと、都市は大混乱に陥りはじめた。それで、日中も夜中も、すべての者が混乱した状態にあって家を棄てて避難するのを見たので、最後の審判の日かと思われた。翌朝〔天正一〇年六月三日、一五八二年六月二三日〕、かの近江国出身の一人の武将〔不詳〕が起きたことを知ると、不運な暴君明智に与し、この結果、すぐに信長の城の近くにあった大変壮麗な自らの屋敷に放火した。我々は、それが何であるかわからずセミナリオ〔小神学校〕から見ていたところ、すでに敵が来て殺害しはじめ、すべて包囲するに違いないと聞き、時間も方法もなかったので、さらに手を打つこともなく、我々が自らの生命を助けるよう駆られた。かの朝、すぐに大急ぎで混乱した状態で、言いようがないほどに、我々は、盗賊の船に向かって退避を開始した。私〔ダルメイダ〕は、聖像付きの十字架と小聖母像を携行した。我々は、銀の燭台《しょくだい》、吊《つ》り香炉、舟形香入れ、聖杯、および巡察師がそこに残した緋色《ひいろ》のビロードの装飾を持って、日本人のような服装をして退避することを決意した。我々は、路地で大変急いでいたので、敵が我々のところに来たかのようであった。こうして、我々は、時間がなかったので互いを待つことなく急いで船に向かっていった。パードレ・ジョアン・フランシスコは、自分の長衣を着てあとから来たが、このとき、街中には略奪者が溢《あふ》れ、人々を捕らえて略奪していたので、すぐに彼を捕らえた。彼らは、パードレ・ジョアン・フランシスコが銀を携えていると考えて彼の身を改めて探しはじめたところ、彼の袖《そで》が重いことに気づいた。彼は、それが銀でないことを示すために袖の中から聖務日課書を取り出そうとすると、彼が取り出しおえる前に、彼らは、すぐにこれを奪い取った。彼らは、彼からこれ以上は見つけられなかったので立ち去った。イルマン・ディオゴ・ペレイラも、あとから来たので我々が進んだ道を間違えてしまい、路地の末端に至ると、そこには別の略奪者たちが待ち受けており、彼らは、イルマンの帽子と長衣の上の着物を奪い取り、彼の身を改めたが、長衣の脱がせ方を知らなかったので、その前後を裂いて剝《は》ぎ取った。こうして彼は、生き延びたのである。我々の主は、帯に入れていた銀は奪われないことをお望みになった。私〔ダルメイダ〕も、病気でほかの者たちが進むほどには走ったり歩いたりできないので、遅れてしまった。道行く人々の言うことを聞いて、私〔ダルメイダ〕も、襲われることを恐れて、前の者たちを見失わないように、さらに歩みを速めた。こうして我々は、ある異教徒の大盗賊の船に到着した。彼は、以前より我々に友情を示していたことによって信用していた人物であったが、彼は、その仲間と一緒に我々から所持品を奪い、できれば我々を殺害するつもりであると思われるので、この見せかけだけの盗賊の手に委《ゆだ》ねられると、我々は、すぐに欺瞞と裏切りを恐れ、こうして悔悛《かいしゅん》行為を始めたのである。

17　我々が沖島《ウオキノシマ》という名の島に到着するとすぐに、そこは我々の案内人が住人であったのだが、盗賊たちは、所持品の半分を取ると言いはじめたが、我々は、我々が彼とそのような合意をしなかったことを理由に拒否し、運賃のみを彼に支払ったが、彼らは、さらに執拗《しつよう》に引き渡すよう要求しはじめた。我々を連れてきたかの者がこの裏切りの張本人であったけれども、彼は、大変狡猾《こうかつ》で酷《ひど》い詐欺師であったので、我々に味方し我々に好意を示すと見せて、我々の面前では彼らを退去させた。こうして、この場所は、かつて一、二タンガの価値しかなかったが、三、四レグアのために、彼らは、我々から六〇クルザード以上を持っていった。彼は、我々が大きなクルザード〔金額〕を隠したと考えてそこに我々を拘束していたが、我々が大きな財産を隠したと考えてそこに我々を拘束していたが、[*6]これについては、起きたことの知らせがあとに出る〔伝わる〕ことがないように、我々をみな殺しにすれば可能であると考えたようである。それでも、パードレ・オルガンティーノは、我々が教会より携えた銀を完全に失う危険を冒すことを決意した。こうして、我々が入れられて日中を過ごした廏《うまや》には、彼らがほかの地方から盗んできた品物の半分に及ぶ前述の品物があったが、我々は、この中に所有物を隠した。夜、我々に同行していた大変敬虔《けいけん》な一人の日本人とともにそれを取り出し、事態が収束したあとには彼に探しにいかせることができることを期待して山に持っていかせた。神の御意思は、以下のようなものであった。盗賊たちは、我々がカネを持っていないことが信じられないので、我々から衣服を奪いたいと言ってきた。彼らは、我々がいた場所をすべて探し、銀を見つけたならば発覚しないように我々をみな殺しにするはずであった。イルマンたちがいかなる誓願や祈願を想像しようとも、我々は、かくも無残に死すことのないように人生の悔悛と改善を実行すべきである。結局、彼らは、わずかであった我々の所持品をすべて開けさせるに至ったが、銀やビロードの装飾品といった主要な物はすでに隠してあったので手にすべき物を見つけることができなかった。しかし、彼らは満足せず、我々も安全ではなかった。我々は、銀を山へ運ばせたとき、たとえこれを取り戻せないとしても、これらの物品よりも我々と多数の少年の生命のほうに価値があるので、彼らが見つけることのないよう願った。このようなときにこれほどの危険を冒して装飾品と銀を運んだ若者は、我々にはたしかに神から派遣された天使のようであった。我々は、我々の生命を神に捧げて、どうすれば自由になれるのかもわからず、わずかな米と水のみを摂《と》って切り詰めていた。主はキリシタンたちの祈りを聞き入れて、その寄る辺なき身を憐《あわ》れんで、我々を奇跡的に救ってくださり、彼らの欺瞞に対抗するための恩恵を与えてくださった。なぜならば、彼らは、我々全員を別の船で我々を助けるためではなく殺害するための秘密の場所に送ることを決めていたからである。神が我々を彼らの手から自由にするためにお執りになった方法は、このようなものであった。あるキリシタンが異教徒の甥《おい》を持っていた。その甥は、明智から大変寵愛されていた。この者は、我々を援助してくれるよう自ら甥に認めた。その甥は、このときまだ安土にいたイルマン・ヴィセンテとともにこの島まで我々を探しにくるための一艘《いっそう》の安全な船を雇い入れた。それを我々が見て、我々の喜びがどれほどのものであったか想像できるであろう。なすべきことが多々あったけれども、盗賊たちは、仕方なく、船で来た人々に我々と彼らの手に戻った所有物を引き渡した。結局、我々は、隠した物すべてを取り戻したのである。

18 我々がこの若者とともに明智の本拠である坂本城に着くと、この小姓は、このときは味方につくよう要請するために明智からの伝言を持ってジュスト〔右近〕のもとに赴くことになった。そして、パードレ・オルガンティーノへの伝言を持っていた。そこには、ジュストとともにこれを済ませるよう彼に要請している。パードレは、時宜に応じた大変よい言葉を彼に答えた。これについては彼が要請したように日本の文字で認めた一通の書翰を彼に与えたが、彼は、ポルトガルの文字で認めたもう一通の書翰をも彼に与えた。そこには、日本語の別の書翰とは反対のことが彼に認められており、たとえ我々すべてが十字架にかけられようとも、それが我々の主への奉仕なので、決してこの暴君の友人とはならないよう彼に述べた。パードレ・オルガンティーノが明智の一人の息子〔十五郎〕を訪ねに城に赴いたところ、街道がすべて占拠されているので、彼〔十五郎〕は、主要な彼の守役を都まで我々に同行させることを望んだが、パードレは、なおも彼の書翰のみで十分であると懇願した。彼は、その書翰をすぐに与えさせたが、これは有効であった。なぜならば、パードレが二〇名を先に行かせたところ、彼らは途中で捕らえられたが、前述の書翰を見せると通行を認められたからである。[*7]

19　明智の小姓とともに都に着くと、パードレ・オルガンティーノは、できる限りよい言葉を彼に述べることに腐心し、そこで彼にポルトガルの帽子を贈った。主なる神の恩恵と彼の厚意によって、我々は、生命と携行していた教会の銀と装飾品を救うことができた。みなが我々は死んだものと思っていたので、都のパードレとイルマンたちの満足と喜びは表現できないほどであった。明智がここから一レグアのところにいたにもかかわらず、我々を理解していなかったのは神の大いなる意思であった。明智は、キリシタンの武将たち、とりわけジュストが敵であることを知っていたにもかかわらず、主は、我々をすべての陰謀から救ってくださった。

＊　＊　＊

20　事件の経過に話を戻すと、私〔カリオン〕が言うに、パードレたちと神学校の少年たちが出発した直後の土曜日〔一五八二年六月二三日、天正一〇年六月四日〕、明智は安土山に到着したが、すべての者が逃げ去っていたので抵抗に遭わなかった。こうして、信長の屋敷と城を占拠して、城の最高所に上ると、ここには日本の逸品がすべてあったので、金銀やさまざまな貴重品で満たされたといわれる信長が所有していた収蔵庫を開けはじめ、ほとんど苦労せずに得たものを家臣たちに広く分け与えた。それにより、二、三日間で、信長が多大な労苦と戦さによって一五ないし二〇年かけて獲得したものを、彼は、武将にはその位に従って、身分の低い者には彼の好みに従って、こうして黄金を分配した。数名の貴族にはそれぞれ七千クルザードになる黄金の千両《ミルイチリヨス》を与えた。というのも、この黄金はすべて一定の重量に作られているからである。ほかの人々には三、四千クルザードを与えた。日本の内裏には、二万数千クルザードを贈った。[*8] 都には、現世のあとには何もないと述べている禅宗《ぜんしゅう》の、五山《ゴザン》と呼ばれる主要な五つの修道院があり、信長の葬儀と法要を盛大に行なうために、彼は、これらの修道院のそれぞれに七千クルザードを贈った。都の多数の住民とそこにいたほかの友人たちには大量の黄金や価値のある品物を贈った。彼は、これらの莫大な財産を享受するつもりはほとんどないと予《あらかじ》め述べていたように、彼は、貧者や見知らぬ者にも容易に分け与えていた。彼らから、多数の人が恩恵にあずかろうと引き寄せられたので、ある者たちには二百クルザードを、別の者たちには三百クルザードを与えたが、これは身分の低い者たちに分配した最少額であった。彼は、決して放火しなかったが、そこに一人の武将をいくばくかの人々とともに残し、彼は、そこから予期していた戦さを始めるために、二、三日で都に隣接する河内国《かわち》と津国《つのくに》に戻った。このとき、安土においては略奪し、家屋を荒らし、家財を盗み、路上では強盗が横行し、このことはそこだけではなく、堺から道程にして六、七日となる美濃国や尾張国までも路上では同じことが行なわれ、あちらこちらで殺人が行なわれた。したがって、そこでわずか一人の死によってこれほどの諸国にもたらされ大混乱が生じるとは、地獄がすべて出現したかと思われたほどであった。

21　我々もこれらの多大な苦難と損失から無縁ではいられなかったので、安土の我々の新しいカーザとセミナリオはまだ工事が行なわれていたが、兵士たちが侵入して略奪を始めた。そして、イルマンたちや同宿《ドージコス》たちが都へ来たので、何度も略奪された。カーザは信長の城と宮殿からすぐ下にあって大変安全と思われたので、イエズス会がかの地方に持っている所有物や装飾品の大半がそこに集められ、セミナリオの秩序のために要求されるものに従って、すべてがよく備えられていた。私が述べるように、ビロードの装飾品および祭壇の銀製品、数冊の書籍を除いて、所持品のみならず、窓、戸、部屋の壁紙、さらに新しい教会の建築のためにそこに購入した四百クルザード近い価値の木材までも、その他のすべての物が略奪され、盗難に遭った。そこに住んでいた者たちが述べることによれば、それは二千八百クルザード以上になり、持ち出せなかったのはカーザの柱と屋根だけであったということである。

22　このとき、我々が上述した三七殿という名の信長の三男は、父が与えた四カ国を奪取に赴くための準備をしながら、自分の人々とともに堺にいた。彼は、父と兄の死を知ると、すぐに戻って復讐《ふくしゆう》するための準備を始めた。最初に七兵衛殿《シチンプロスドノ》〔津田信澄《つだのぶずみ》〕と呼ばれる彼の従兄弟《いとこ》を殺害して、自らの身の安全を図ろうとした。彼は、信長が数年前、父の跡を継ぐために殺害した弟の長男であった。この若者は、このように信長によって父を殺害され、明智の娘と結婚していたので、彼が舅《しゆうと》と一緒に信長の殺害を企てたと考えない者はなかった。この若者は、そのとき、信長の命令によって丹羽五郎左衛門《ニワノゴローザイモン》という名のほかの部将と一緒に堺から三レグアのところにある大坂《おおさか》城を守っていた。先述の堺を見にいった二人の領主のうち、一人は信長の義弟で三河の国王〔家康〕であり、もう一人は穴山殿《アナヤマドノ》〔梅雪《ばいせつ》〕という名であったが、その日に知らせを受けると急いで自国に退くために引き返した。三河の国王〔家康〕は、多数の人々と賄賂《わいろ》のための黄金を持っていたので、苦労しながらも通行し、時宜を得て避難した。穴山は、さらに遅れたようであり、人々もより少なかったので、途中で略奪に遭い、彼は奇跡的に助かったが、所持品すべてを奪われたうえに人々はみな殺害された。この穴山殿は、かつて信長とその息子が奪取した甲斐国の重臣であり、イルマン・ヴィセンテが我々に認めたことによれば、かつてこの反乱の前、彼は、数年にわたって神のことについて知識を得ていたことによって説教を聴きはじめ、聴くための機会が与えられることを望んでいたが、のちに彼もその途中で殺害された。

23　三七殿は、私〔カリオン〕が述べるに、知らせを聞いたときはまだ船に乗っておらず、二時間後には明智と戦いにいく決意で出発しようとした。しかし、彼の人々はさまざまな地域から集められていたので、反乱を聞くと、彼の軍隊の大半は彼を見棄てた。彼は、これに当惑して、自らの望みを実現できないと見て、大坂に向かった。そこには、彼の従兄弟の七兵衛殿《シチピオイドノ》〔津田信澄〕がおり、彼の父の死に同意したといわれており、また五郎左衛門という名のほかの部将もおり、彼はこの信長の息子の親友であった。彼の助けによって、多数の伝言を送ったあと、三七殿は、従兄弟のために大坂に入ったが、彼〔信澄〕は、彼〔信孝〕が侵入しないよう強く懇願し尽力していた。従兄弟は、彼〔信孝〕を大変恐れていたことによって彼が入ることに決して同意しようとせず、人々を路地に待機させた。そこに二日間滞在したあと、彼〔信孝〕は、五郎左衛門と協議し、よく監視して塔の最高層に立て籠《こ》もって決して下りない従兄弟を、いかにして殺害するかを決めた。彼〔信澄〕を殺害するために彼らが考え出した策略では、城の第二部将の五郎左衛門があたかも乗るかのように船まで三七殿に同行するふりをして、三七殿の家臣と五郎左衛門の家臣とのあいだで偽って大きな争いを起こすことが同意された。従兄弟〔信澄〕の家臣は、城から出ず、彼らが彼〔信澄〕を殺害しようとしていると恐れていたので、こうして申し合わせたように、これら二つの軍隊のあいだで争うふりをして、五郎左衛門の家臣が負けて城に逃げ込むふりをし、三七殿の家臣がこれに続いて城に入り、一丸となって従兄弟の多数の家臣を殺害した。彼は、塔にいて自刃したともいわれ、若い武士たちが彼を殺害したともいわれている。三七殿は、好評を得ており、河内のすべての領主たちがすぐに彼を訪ねて主君と仰いだ。三七殿は、実際に残虐であったので、従兄弟の首級を堺に晒《さら》したが、すべての者が彼を暴君と見なし、彼が亡びる様子を見ることを望んでいた。

24 明智が信長を殺害したとき、都に隣接した津国の殿たちや主要な武将たちは、毛利との戦争に出ていた。そのため、かの国の諸城をすぐに占拠させなかったことは、明智の無見識であり、彼の滅亡の要因となった。それらは信長の命令によって破壊されていた。人々もいなかったので、五百名もいれば諸城から人質を取って自らの人々を城に入れることは実に容易であった。ジュスト右近殿が毛利との戦さに出ており、二人の子を持つ彼の妻ジュスタが頼れるものがなかったので、これはキリシタンがすべてを司《つかさど》る高槻《たかつき》の城にとって大きな危惧であった。それから二日後、三ケから高槻に戻ったパードレ・ジョゼフ〔・フォルラネート〕が語るように、それは明らかに主の御意思であった。明智は、ジュスト右近殿は戻ったら必ず自分に与《くみ》するはずであると誤解していたので、心配しないように、〔高槻〕城は彼〔光秀〕に与するようにと、ジュストに使者を派遣して言わせたが、このとき、高槻の者たちは、都合よく偽って明智に保証するような返答をしたので、明智は人質として子どもを要求することも、同じ目的で我々を手中にすることもしなかった。さらに、ジュストが彼の敵であるとわかったあとも、これをよく実行し、我々を苦労なく捕らえるだけの力があり、信長がかつて荒木《アラキ》〔村重《むらしげ》〕のときに同様に処したことを知っていながら〔そうしなかった〕。明智がパードレたちやイルマンたちを人質として取ることは、かの都のキリシタンすべてが明智の死まで抱いていた最大の危惧のひとつであった。これについては、我々の主は、すでに暴君を盲目になされた。すなわち、彼の家臣までもが、折衝をよく知らなかったのに、ジュスト右近殿がパードレたちの手中にあるといって回ったのである。パードレ・オルガンティーノは、ジュストに、彼が戦さから戻ったあと、我々の主なる神のためにより善行と奉仕を行ない、たとえ明智が我々すべてを十字架にかけようとも我々は自らの聖務において死ぬことになるので、我々のことは考慮しないよう認めた。

25　毛利の征服者である羽柴殿の陣においても信長の死が伝えられると、毛利がそれを知る前に大変早く急いで自らの派閥に有利な和睦《わぼく》を結んだ。殿たちは、すぐに自らの城に急いで戻りはじめ、羽柴殿自身も、明智と戦うための準備をした。ジュスト右近殿は、徳、高貴さ、武勇、その他の望み得るすべてのことにおいて、ここ都地方のすべてのキリスト教界の主柱であり、彼も急いで出発し、到着するときに高槻城と彼の全領土が敵の手に落ちていることを危惧していた。我々の主は、御慈悲によって、私〔カリオン〕が言うに、敵からのみならず、その他の大きな緊急の危険からも城を守ってくださった。それは、ほかの異教徒の諸城においては領主が帰還しないうちは家臣や農民が略奪を働いたが、ここ〔高槻〕では決して起こらなかった。この地方〔都〕における最大の破壊と悲惨な光景は、あらゆる地方で起こった略奪と追剝であった。しかし、ここ〔高槻〕は〔人々が〕キリシタンであったので、それ自体が薫りを放ち、違った様相を呈していた。ジュストが高槻に到着すると、すべてのキリシタンは生き返ったかのようであり、すぐに自ら明智の敵であることを宣言し、可能な限り短時間で城をよく整備し、信長の三男の三七殿および毛利の征服者である羽柴殿と和睦を結んだ。彼らは、信長の殺害に復讐することですでに意見の一致を見ており、彼らは、ともに可能な限り優れた軍隊で明智に向かうことを決意していた。彼らには、これらの地方の主要なキリスト教界がある河内国と津国の身分の高いすべての武将たちが加わった。三ケ殿《サンガンドノ》〔頼照《よりてる》〕のみは、明智が河内国の半分と兵士たちに分配する黄金を積んだ馬を約束していたので、彼に与した。羽柴殿は、なおも持つ強大な権力と領有する諸国によって人々から恐れられているが、人々は彼が三七殿を父に代わる殿様として持ち上げるに違いないと考えるほど、三七殿を尊重していた。我々は、どうなるのかわからず、異教徒は生来傲慢であるので、彼が自ら王国の主となり得るならばほかの者に君主国を譲るほどの謙虚さを持っているかわからない。

26　明智は、安土山において信長から奪い取った多大な財宝を自らの意向によって崩すと、都から一レグアの距離にある鳥羽《トバ》という名の場所に移動し、都から三レグアのところにある勝《ショー》龍寺《レンジ》と呼ばれる重要な城を獲得した。そこでは、信長の義弟が司令官を務めており、そこで自分に与する者を待っており、また羽柴殿が決意することを期待していた。しかし、彼は、全五畿内において最も慎重で有能な武将であったが、多大な悪事と残虐行為を行なったので、すぐに分別を失いはじめた。彼が何度か大変な好機を逃したので、彼にとって物事が徐々に悪化し、それが彼の滅亡の原因となった。そのとき、彼は八千ないし一万人の人々を率いており、津国の軍勢が合流しないと見ると、諸城を包囲することを決意し、徐々に高槻に向かっていった。かの国の主要な三人の領主は、羽柴殿がそれほど離れていないところにいることを期待し、すぐに準備を整え、高槻から三レグアのところにある山崎《やまざき》と呼ばれる大きく強固な村に人々を率いて赴いた。彼らのあいだで取り決めた協定は、そのときまでジュスト〔右近〕の大敵であった彼らのうちの一人〔中川清秀《なかがわきよひで》〕が和睦して山上を行進し、池田殿《イケンドノ》〔恒興《つねおき》〕という名のもう一人はこれらの地方において最も水量が豊かで大河である淀川《よどがわ》に沿って彼の軍隊を率い、ジュストはその中間となる山崎の村に留まることであった。ジュストが村に入り、明智が大変近くに来たことを知ると、彼はまだ三レグア以上後方にいた羽柴殿に、できる限り急ぐよう急いで伝言を送った。彼は、自制できない者たちを抑えていた。彼らは、わずかではあったが、敵と対戦しようと出陣することを望んでいた。ジュストは、羽柴殿の軍隊が遅れると見たので、彼が自らそのような危険を知らせにいこうとしたところ、明智の者たちが村の門を叩《たた》くに至ったとき、ジュストは、これ以上は待つことを望まず、勇敢で神を信頼する意思を持ち、戦さにおいては大胆なので、千人にも達しない人々のみを率いて門を開くと敵を襲撃した。キリシタンたちは、それを勇敢に、そして効果的に行なったので、一人の死者を出したのみであった。彼らは、最初の戦さにおいて、明智の高貴な者の二百以上の首級を取った。それゆえ、明智の軍隊の士気が下がりはじめ、この最初の攻撃のあとにジュストの両側を進んだほかの二人の殿が到着し、明智の人々は逃げはじめたのである。敵の意思を最も砕いたのは、彼らが三七殿と羽柴殿がそこから一レグアに満たないところにいて、二万を超える人々を自ら率いていると知ったことであった。しかし、彼らは疲労していたので、〔右近のもとに〕到着できなかった。とりわけ、神意がこれを取り計らわれたことであり、神がこのように、この勝利をジュストと彼の人々に帰せしめ、彼がかつての美濃からの戦さにおいて常に好運な結果を得ており、彼の勇気と大変高貴な気質によってすべての者から大変尊敬されてきたけれども、彼がこれらの地方において現在いるすべての領主から最大の名前と評判を得ることを望まれたかのようである。この勝利は聖母訪問の祝日〔一五八二年七月二日、天正一〇年六月一三日〕の正午にあり、明智の結末と滅亡の主要な原因となった。それについて、三七殿は、ジュストがキリシタンであったのでこのようにうまくいったと述べた。明智の人々は大変急いで逃げたので、ここ都から敗北の場所まで四レグアであったが、多数の者は、明智が途中に奪取したかの城も安全ではなく、午後二時、彼らは、大変急いで逃げるためにここを通過したので、すべてが重荷となるから槍も鉄砲も携えず、このように武器を道端に棄てていた。我々は、彼らがどのように逃げるのかをこのカーザから見ていたが、彼らが通過するのに二時間以上を要した。多数の者が都に入ろうとしたが、都市の人々が彼らの侵入を防ぐために入り口にいた。こうして、明智の本拠である坂本城に進んでいった。しかし、村々からは盗賊が、さまざまな場所から別の者たちが出てきて、馬や剣を奪うために彼らを殺害したので、多数の者がそこに到達できなかった。

27　その午後、明智は少しの人々とともにかつて占拠した勝龍寺城に入ったといわれている。すぐに彼に加えて全軍が到着し、彼は夜を過ごした。外の者たちは厳重に警戒したので、夜通しここ都にも聞こえるほど銃を撃ち、より警戒するために城の周囲に点火した。しかし、全軍はすでに戦った者もあとから来た者も疲れていたので、城の者たちも講和や協定を結ぶためにジュスト右近殿やほかの領主たちに呼びかけたが、彼らは朝まで起きることを望まなかった。しかし、城は夜が明けるとすぐに明け渡された。明智は、城内では安全が保てないので宵の口に彼の本拠の坂本城への道を逃れることにした。ほとんど単身で行き、いわれるところでは、いくらか傷を負っていた。しかし、彼は、かの地に到着できず、聖母の祝日〔一五八二年七月二日、天正一〇年六月一三日〕はどこに身を隠したかわからなかった。翌日〔一五八二年七月三日〔天正一〇年六月一四日〕は首を斬ることの熱意が著しかったので、最初に信長が殺害されたこの場所に千を超す首級が運ばれた。なぜならば、首級はすべてそこに持参するよう命じられており、それらは信長の葬儀のために配列されたからである。私〔カリオン〕が述べるに、この葬儀は暑い最中であったので強い悪臭に満ちていた。それは信長の傲慢さに相応《ふさわ》しいものであり、大変強い悪臭を放つので、その場所から風が吹くときは、我々は、悪臭によって窓を開けていては教会に留まることができないほどであった。あるキリシタンが我々に語ったところでは、首を斬って持参するのを大変急いでいたので、ある殿は、前日の戦さに出ていなかったと思われるのに、村々を廻《まわ》りある村だけで三三人がいたのを見ると三〇人の首を斬り、これらを葬儀に持参したという。その二日後〔一五八二年七月五日、天正一〇年六月一六日〕、パードレ・オルガンティーノと私〔カリオン〕は、信長が殺害された場所を通ったが、数人が何ら感情を示さずあたかも羊か犬の首を運ぶかのように、三〇以上の首級を数本の縄に吊るして奉納するために来た。このように首級が集められて、短時間で二千を超えた。不幸な明智は、身を隠し、いわれるところでは、農民たちに坂本城へ連れていくよう頼み、彼らに黄金の棒を与えた。彼らは彼を殺害した。彼らは刀と黄金を奪うために槍で突き、斬首したものと思われる。彼らは、その首級を三七殿にあえて献上しようとはしなかったが、ほかの者が献上した。そうすることが彼〔信長〕にとって名誉になるので、次の木曜日〔一五八二年七月五日、天正一〇年六月一六日〕、彼らは、信長が殺害された場所であり、ほかの首級がある場所に彼〔光秀〕の遺体と首級を運んだ。こうして、日本全国を混乱に陥れる意図を持った者は、悲惨に最期を遂げた。神は、その恐ろしい謀反のあとに彼が一二日以上生き延びることをお許しにならず、哀れな卑しい農民たちの手によって屈辱的に死んだので、このような場合に異教徒たちが自らの名誉のために通常行なうような切腹をすることもできず、三七殿は、のちに遺体と首を合わせ、これを市外で十字架にかけることを命じた。

28　安土山では、津国において生じた壊滅を知ると、明智がそこに置いた武将〔明智秀満《ひでみつ》〕はすぐに勇気を失い、急いで坂本に向けて退却した。彼は、大変急いでいたので安土山には放火しなかったが、信長の優美な傲慢さの記憶を遺《のこ》さないために、主は、敵がそのままにした傲慢な建物をお許しにならず、こうして主のさらなる明白な審判のために、主は、その近くにいたまさしく信長の一人の息子が、彼が愚かで知恵がない以上に理由はわからないが、城の最上層の主要な部屋に放火することを命令するようになさった。それ〔城〕は炎に包まれ、彼は、都市も焼き払うことを命令したが、このように短時間になされた。

29　安土を逃れた既述の明智の武将は、明智の妻子、家族、そして親類がいる坂本城に入った。まもなく次の火曜日〔一五八二年七月三日、天正一〇年六月一四日〕には羽柴殿の軍隊がそこに到着した。その城は安土城を除けば全五畿内にある中では最良で最も壮麗なものであった。しかし、すでに多数の人々がそこから退去し、逃走していた。かの殿〔秀満〕は、ほかの武士たちと一緒に軍隊が到着するのを見て、またすべての者のあいだで最初に入城した者がジュストであるのを見て、彼らは、高山右近殿よ、こちらに来なさい、と彼を呼んで、大量の黄金を窓から海〔琵琶湖〕に投げ捨てはじめた。その後、彼らは、我々は敵の手には落ちない、といって、最も高い塔に入り、こうして閉じ籠もると、彼らは、最初に女性と子どもをすべて殺害し、続いて塔〔天主閣〕に放火して彼らも切腹した。明智の二人の息子もそこで死んだといわれているが、彼らは、ヨーロッパの王子たちのような優美な人たちであり、長子〔明智十五郎〕は一三歳であった。彼らは避難したともいわれるが、現在まで彼らが現われていないので、そう〔死んだ〕であろうと思われる。

30　この八日間、高槻城から美濃国に至るまで、武士たちやその他の人々の死については述べることができない。敵であるがゆえに死んだ者もあれば、衣服を奪うために、定収入を得るために死んだ者もあった。その人数が多かったので、パードレ・ジョゼフ〔・フォルラネート〕が堺から来たある日の午後〔一五八二年七月七日、天正一〇年六月一八日〕、五百体以上の死体が川を流れるのを見たほどであった。これは主戦の五日後であったので、主の明白な審判と刑罰であることがよくわかった。この城を奪うことに困難はなかったので、軍隊はすぐに安土に向けて進み、そこから美濃国と尾張国に向かった。明智に加担した者は誰も生かしておかず、このわずかな日数で一万人以上が死んだといわれている。

31　我々は、自身の不安に加えて、さらに大きな苦悩と苦痛を感じた。彼らが坂本城を占拠するとすぐに起きたことだが、彼らは、二、三人の殿を三ケに派遣したが、そのうちの一人は三ケ殿の主要な敵であり、〔三ケ殿〕父子の首級を取ってきた者には褒賞を与えると約束した。彼らは、夜中に妻子をともなって逃れたが、これほど多数の子どもと女性の離散を見るのは大きな心痛であった。異教徒たちは、三ケに放火し、数名のキリシタンが教会に放火しないよう請うたが、彼らは、ここ都を除けば、これらの地方で最良の教会を焼き払うこと以外を望まず、ここで多数の装飾品が焼失した。三ケのみならず近くのほかの諸城下のキリシタンたちも、三ケを最も安全な場所と見なしていたので、そこに持ってきた財産の大半を失い、大変貧窮してしまった。三ケ殿と彼の息子は逃げたが、逃げ延びることはむずかしいであろう。我々の主が彼らに恩寵と厚意を賜わらんことを。それでも、神は、キリシタン教界が完全に終わることをお許しにならなかった。なぜならば、三ケの領地と定収入がジョアン結城殿《ユウキドノ》〔忠正《ただまさ》〕に与えられたからである。それによって、彼の徳と慈愛をもって、三ケの生き残ったキリシタンたちは再び参集できるであろう。ジュスト右近殿には新たに彼本来の領地の高山《たかやま》に隣接し、毎年二万クルザード以上の定収入を生む能勢《のせ》郡と呼ばれるよい定収入〔を得られる土地〕が与えられた。

32　現在に至るまで、我々がパードレ・グレゴリオ・デ・セスペデスの消息を知らないのは大きな心痛であった。彼は、そのとき、信長の世子が最初に住居とした岐阜に滞在していた。しかし、昨日〔不明。カリオン書翰の日付の前日〕、彼〔セスペデス〕からの書翰が来た。それは、すでに起こったいくつかの事柄を我々に語っており、その要旨は次の通りである。信長と世子の死の知らせが来たとき、彼は、岐阜ではなく、そこから七レグア離れた大垣《オーガキ》と呼ばれる場所にあるチィアン*9の家にいた。彼は、大変善良なキリシタンであり、信長の一人の息子の古くからの世話役を務めた人物であった。彼は、大変思慮深かったので、美濃国全土が混乱していたのに、そこは平穏であった。このように、パードレ・グレゴリオは、大変な苦難を受けることはなかった。けれども、岐阜においては信長の死が知られると、すぐに世子の宮殿が略奪を受け、一人の殿がどちら側に味方すると言明することもなく城を占拠した。この殿は、法華《フツケ》宗《シユス》徒であったが、それは大変頑固でほかのすべての者たちよりもキリシタンの教えに憎悪を抱いていたので、彼は、〔装飾品はすでに回収されていたとはいえ、〕すぐに我々の教会とカーザを一人の家臣に与えた。その者は、木材を利用するために、すぐに教会とカーザを解体した。これから五、六日後に信長の葬儀を執り行なうために、すべての殿がここ都に参集するといわれている。しかしながら、誰が殿様となり天下の主人となるのかは確定していない。彼らは、少なくとも死んだ世子〔信忠〕の一歳あまりになる息子〔織田秀信《ひでのぶ》〕が成長するまでのあいだ、三七殿がなるであろうといっている。諸国や領地を分配する際は紛糾するに違いないので、その折衝がここで停止しないと思われる。我々の主がその最も聖なる奉仕となるようお許りくださらんことを。それは、人間的には三七殿が統治するならば改宗において多大な成果を収めるはずである。というのも、これまで何度も書き送ったように、彼は以前から我々の親友であり、ここ数カ月はイルマン・ロレンソが彼に与えたコンタツを腰のベルトに付けているからである。キリシタンではないのに、なぜそれを身に着けているのか彼に尋ねたところ、彼は、このことが父の耳に届くようにして、彼がキリシタンであると考えて父が怒るようならば、そうではないと彼〔父〕に答え、それについて彼に何事も示さないと見れば、そのときは父を恐れることなく彼が望むときにキリシタンとなるための自由な状態になるであろうと答えた。彼が低い身分にあったとき、これらの、そして類似のことがあった。なぜならば、今や四国の四カ国を取らせるために、信長は、彼に金銭と人々を与えていたけれども、そのときまでは、彼は、信長がわずかな定収入しか与えていなかった息子たちの一人に過ぎなかったからである。今や、彼は、ほとんど天下の主人のように見えるが、我々は、いかなるものになるのか、父のように傲慢になるのかわからない。もしそう〔傲慢に〕なるならば、父に対するのと同じく、彼に対しても主の裁きが大変明白であることが確実である。というのも、すべてが焼け落ちることで、偶然にも安土はまさしく自らの息子によって、彼の建造物の記憶が残らないようになさったからである。内裏の御子が住むために彼が建造した内裏の屋敷は、そうしたものは神聖なものとして誰も見ることができなかったが、これも彼の世子が身を寄せたので焼失した。彼の財産、すなわち安土の倉庫は驚嘆すべきものであり、金、銀、財宝がそこには納められていた。そこにあった今なお信長の大いなる名を高め得るものが茶の湯の道具であった。その価値と値段は、日本人がいうところによれば、計りしれないものであった。なぜならば、信長は、生来、けちな収集家であったので、誰かがこうした道具を持っていると知れば、人を派遣してこれを求めており、それは拒否できなかったからである。それゆえ、類似の道具を所持する者たちは、逃れられないと見ると、彼から求められるよりも、こうして彼から恩恵を受けるためには献上するのがいいと考えた。したがって、彼がこれらの道具を六〇点以上持っていたのは確かである。このことについて情報を得ている日本人イルマン・ヴィセンテは、それらの二点のみで三万五千クルザード以上の価値があったと私〔カリオン〕に断言した。それで、これも遺ることがなかったのは、信長が今や最後に都に来たとき、三河の国王〔家康〕やほかの領主たちに見せるために、ほとんどすべてを持ってきたからである。彼が急に命を終えたのと同様に、彼が自ら持参してきたこれらの道具もまったく残らず、彼とともに灰燼に帰した。ここ都においては日本の富が失われたといわれるが、ある者たちは、その富がまさしく日本を破壊していると述べているので、これを喜ぶ者も少なくない。結局、このように、地上のみならず天上においても自分に勝る主人はいないと考えた者は、不幸で悲惨に最期を迎えた。明智も彼に劣らず傲慢であったので、同じく不幸で悲惨に最期を迎えた。しかしながら、既述の通り、信長が稀有《けう》な才能を持ち、大変思慮深く天下を統治したことは否定できないが、彼の傲慢さが彼を倒し、滅ぼしてもいる。「そして、彼の記憶は騒音によって消え去り、地獄の底に沈んだ」[*10]

＊　　＊　　＊

33　このことが終わったあとも、このような別の書翰に認められるべき多数の事柄が新たに起きている。しかし、すでに過度に冗長になっているので、次の季節風に書き送られるであろう。我々全員が猊下《げいか》の聖なる犠牲と祝福に謙虚に身を委ねるものである。日本から、ここ口之津《クチノツ》の港より、一五八二年一一月五日。[*11]

ルイス・フロイス[*12]

準管区長パードレ・ガスパール・コエリョの委任による

キリストにおける猊下の息子

＊1　『旧約聖書』に見えるバビロニアの王。ネブカドネザル二世。
＊2　エヴォラ版『日本書翰集』では「火曜日」となる。
＊3　正しくは「六月」であり、誤記と考えられる。
＊4　約一四〇キロメートルに相当する。一レグアが一里であるとするならば、約九八キロメートルになる。なお、実際の琵琶湖の長軸は、約六三・五キロメートルである。
＊5　エヴォラ版では「木曜日」となる。
＊6　ほぼ同じ文言が繰り返されているが、エヴォラ版では前半が省略されている。
＊7　本書の本文中に示した通り、エヴォラ版では、本段落は文意が変わるほど改変されている。
＊8　エヴォラ版には、この一文が見られない。
＊9　エヴォラ版は「クリストヴァン」とする。
＊10　『旧約聖書』「詩編」第九章第七節に「敵はすべて滅び、永遠の廃虚が残り、あなたに滅ぼされた町々の記憶も消え去った」とある。
＊11　同段落は、フロイスの加筆であると判断される。
＊12　自署であると思われる。

あとがき

本能寺《ほんのうじ》の変について、イエズス会のオルガンティーノは、明らかにキーパーソンの一人である。彼は、信長《のぶなが》と信忠《のぶただ》をよく知っており、光秀《みつひで》とも面識があり、光秀の二人の息子とも親しい間柄であった。オルガンティーノ自身は、本能寺の変についての個別の報告などを遺《のこ》してはいないが、生き残った人物の中では最もよく状況を把握していた人物の一人であるといえよう。

本書は、イエズス会の文書から、本能寺の変にアプローチすることを試みたものである。史料の性格から事件に関係するすべての人名が出てきているわけではない。本書はあらゆる角度から検討することを試みたわけではないので、これが一面的な見方であるという印象を抱かれた読者もいることと思うが、その批判は甘んじて受けたい。本書で扱ったイエズス会の文書から事件の全容がわかるわけではないが、これまで見落とされてきたことに、多少なりとも光を当てることはできたのではないかと思う。

本書では、オルガンティーノらの動向を中心に見てきたが、イエズス会士たちは、この問題にとってはあくまでも部外者である。

それでは、直接関わった最大のキーパーソンは誰なのか。

それは、結局は生き延びることができなかったが、光秀の息子十五郎ではなかったかと思う。従来は光秀の人となりにばかり関心が注がれ、彼の判断の重要な材料となり得る息子の存在が見過ごされてきたように思う。

息子の十五郎の命運は、すなわち明智家の命運である。明智家の存続は彼にかかっているといって過言ではない。光秀の判断は、明智家の存続を基準としていたのではないかと思っている。ただし、残念なことに、それを示す当事者の証言が確認されていないのである。

本能寺の変に関して、今なお新史料が発見されているが、今後も発見される可能性は十分にあると思う。それとは別に、まったく別の角度からの新たな見解が提示されることがあるかもしれない。光秀の息子たちの声を収めた「ブラックボックス」が今後何らかの形で発見される可能性もまったくないとはいえない。それによって、本書で提示した見解が否定または修正されることもあろうかと思う。しかし、そうした形で本書が克服されるならば、それもまた意味のあることであると信じたい。

本書は、先学の研究に大変多くを負っている。本能寺の変に関する史料は、東京帝国大学文学部史料編纂掛編纂《へんさん》『大日本史料』第十一編之一（一九二七年）にまとめられている。すでに一世紀近くも前に出版されたものであるが、基礎史料を把握するのに大変役に立った。なお、同書にも欧文史料が収録されているが、そのふるさゆえに刊本が利用されており、必ずしも史料価値が高いとはいえないものである。

「一五八二年の日本年報補遺」については村上直次郎《むらかみなおじろう》氏および松田毅一《まつだきいち》氏・東光博英《とうこうひろひで》氏の翻訳があるので、参考にさせていただいた。フロイスの「日本史」を現代日本語で手軽に読むことができるのは、松田毅一氏と川崎桃太《かわさきももた》氏のおかげである。また、藤田達生《ふじたたつお》氏の研究は必ずしも本書と見解を同じくするわけでないとはいえ、福島克彦《ふくしまかつひこ》氏との共編史料集などを中心に頻繁に利用させていただいた。歴史研究者のみならず作家などの方々の見解の中にも傾聴すべきものがあった。多数の先行研究に目を通したつもりであるが、テーマの性質上一般向けの著作が多く、漏れたところがあるかもしれない。なお、本書には、坊主、未開人といった今日の人権意識に照らして不適切な表現があるが、歴史的史料であることと当時の時代背景に鑑み、原文に忠実に訳したことをお断りしておきたい。

イエズス会の文書を利用できたのは、ローマ・イエズス会文書館、イエズス会カタルーニャ歴史文書館、上智大学キリシタン文庫のおかげである。ローマ・イエズス会文書館からは文書写真の掲載と文書の日本語訳出版の許可をいただいた。ここに銘記して、日頃のご厚意と併せて、篤《あつ》くお礼を申し上げたい。

本書の出版に当たり、東京大学史料編纂所の山本博文《やまもとひろふみ》教授がKADOKAWAに紹介してくださった。本来、お礼を申し上げて結ぶべきだが、本書の校正中に山本先生の訃報に接した。あまりの衝撃に言葉もない。山本先生の生前の御厚誼に深く感謝するとともに、心より御冥福をお祈り申し上げます。

二〇二〇年四月

著者

参考史料・文献

〔史　料〕

Archivum Romanum Societatis Iesu, Jap. Sin. 9.
ローマ・イエズス会文書館所蔵文書「日本・中国部」第九冊
一五八二年一〇月三一日付、口之津発、フロイス書翰　Jap. Sin. 9-I, ff. 151r.-162v.
一五八二年一一月五日付、口之津発、フロイス書翰　Jap. Sin. 9-I, ff. 96r.-105v.
一五八二年一一月五日付、口之津発、フロイス書翰　Jap. Sin. 9-I, ff. 94r.-95v.

Cartas que os Padres e Irmãos da Companhia de Iesus escreuerão dos Reynos de Iapão & China aos da mesma Companhia da India, & Europa, des do anno de 1549 atè o de 1580. 2 tomos, Euora, 1598. ※雄松堂書店から天理大学附属天理図書館所蔵本の影印版が出版されている。
「一五八二年の日本年報」Vol. 2, ff. 47r.-61r.
「一五八二年の日本年報補遺」Vol. 2, ff. 61r.-82r.

村上直次郎訳・柳谷武夫編輯『イエズス会日本年報』上、雄松堂書店、一九六九年

松田毅一監訳『十六・七世紀イエズス会日本報告集』第Ⅲ期第六巻、同朋舎出版、一九九一年

Luís Fróis, S. J., Edição e anotada por José Wicki, S. J., História de Japam, 5 vols., Lisboa, 1976-84.

松田毅一・川崎桃太訳『フロイス　日本史』5、中央公論社、一九八一年

José Luis Alvarez-Taladriz, ed., Alejandro Valignano, S. J., *Sumario de las Cosas de Japón(1583)*, Sophia University, Tokyo, 1954.

José Luis Alvarez-Taladriz, ed., Alejandro Valignano, S. J., *Adiciones del Sumario de Japón(1592)*, Osaka.

ヴァリニャーノ、松田毅一他訳『日本巡察記』平凡社東洋文庫、一九七三年

Josef Franz Schütte, S. J., *Monumenta Historica Japoniae I: Textus Catalogorum Japoniae 1553-1654*, Romae, 1975. ※イエズス会の日本カタログをまとめたもの。

東京帝国大学文学部史料編纂掛編纂『大日本史料』第十一編之一、一九二七年

奥野高広・岩沢愿彦校注『信長公記』角川文庫、一九八四年

細川護貞監修『綿考輯録』第一巻(藤孝公)・第二巻(忠興公・上)、出水神社、一九八八年

東京大学史料編纂所編纂『大日本古記録　言経卿記』一、岩波書店、一九五九年

斎木一馬・染谷光廣校訂(新訂増補：金子拓・遠藤珠紀校訂)『史料纂集　新訂増補　兼見卿記』第二、八木書店、二〇一四年、初版は一九七六年

奥野高廣『増訂　織田信長文書の研究』三冊、吉川弘文館、一九八八年

二木謙一校注『明智軍記』ＫＡＤＯＫＡＷＡ、二〇一九年

〔参考文献〕

高柳光寿『明智光秀』吉川弘文館、一九五八年

ヨハネス・ラウレス、柳谷武夫訳『細川ガラシア夫人』中央出版社、一九五八年

海老沢有道『高山右近』吉川弘文館、一九五八年

George H. Dunne, S. J., *The Generation of Giants: The Story of the Jesuits in China in the Last Decades of the Ming Dynasty*, University of Notre Dame Press, Indiana, 1962.

ヘルマン・ホイヴェルス『細川ガラシア夫人』春秋社、一九六六年
松田毅一『近世初期日本関係　南蛮史料の研究』風間書房、一九六七年
桑田忠親『明智光秀』新人物往来社、一九七三年、講談社文庫、一九八三年
松田毅一・川崎桃太編訳『回想の織田信長――フロイス「日本史」より』中公新書、一九七三年
高瀬弘一郎『キリシタン時代の研究』岩波書店、一九七七年
北島万次『豊臣政権の対外認識と朝鮮侵略』校倉書房、一九九〇年
秋田裕毅『神になった織田信長』小学館、一九九二年
朝尾直弘『将軍権力の創出』岩波書店、一九九四年
H・チースリク『高山右近史話』聖母文庫、一九九五年
井手勝美『キリシタン思想史研究序説』ぺりかん社、一九九五年
小和田哲男『明智光秀――つくられた「謀反人」』PHP新書、一九九八年
高瀬弘一郎『キリシタン時代の文化と諸相』八木書店、二〇〇一年
藤田達生『謎とき本能寺の変』講談社現代新書、二〇〇三年
山本博文『武士と世間――なぜ死に急ぐのか』中公新書、二〇〇三年
川崎桃太『フロイスの見た戦国日本』中央公論新社、二〇〇三年
立花京子『信長と十字架――「天下布武」の真実を追う』集英社新書、二〇〇四年
鈴木眞哉・藤本正行『信長は謀略で殺されたのか――本能寺の変・謀略説を嗤う』洋泉社新書y、二〇〇六年
谷口克広『検証　本能寺の変』吉川弘文館、二〇〇七年

津本陽『「本能寺の変」はなぜ起こったか――信長暗殺の真実』角川ｏｎｅテーマ21、二〇〇七年
桐野作人『だれが信長を殺したのか――本能寺の変・新たな視点』ＰＨＰ新書、二〇〇七年
樋口晴彦『本能寺の変――光秀の野望と勝算』学研新書、二〇〇八年
浅見雅一『キリシタン時代の偶像崇拝』東京大学出版会、二〇〇九年
金子拓『織田信長という歴史――『信長記』の彼方へ』勉誠出版、二〇〇九年
谷口克広『織田信長家臣人名辞典（第2版）』吉川弘文館、二〇一〇年
藤本正行『本能寺の変――信長の油断・光秀の殺意』洋泉社歴史新書ｙ、二〇一〇年
藤田達生『証言　本能寺の変――史料で読む戦国史』八木書店、二〇一〇年
勝俣鎮夫『中世社会の基層をさぐる』山川出版社、二〇一一年
村井章介『世界史のなかの戦国日本』ちくま学芸文庫、二〇一二年
山本博文『信長の血統』文春新書、二〇一二年
池上裕子『織田信長』吉川弘文館、二〇一二年
上田滋『真説　本能寺の変』ＰＨＰ研究所、二〇一二年
三鬼清一郎『織豊期の国家と秩序』青史出版、二〇一二年
明智憲三郎『本能寺の変――431年目の真実』文芸社文庫、二〇一三年
安廷苑『細川ガラシャ――キリシタン史料から見た生涯』中公新書、二〇一四年
小和田哲男『明智光秀と本能寺の変』ＰＨＰ文庫、二〇一四年
金子拓『織田信長〈天下人〉の実像』講談社現代新書、二〇一四年
谷口研語『明智光秀――浪人出身の外様大名の実像』洋泉社歴史新書ｙ、二〇一四年

神田千里『織田信長』ちくま新書、二〇一四年
「歴史読本」編集部編『ここまでわかった！　明智光秀の謎』KADOKAWA、二〇一四年
本郷和人『戦国武将の選択』産經新聞出版、二〇一五年
藤田達生・福島克彦編『明智光秀――史料で読む戦国史』八木書店、二〇一五年
浅見雅一『概説キリシタン史』慶應義塾大学出版会、二〇一六年
川村信三『キリシタン大名高山右近とその時代』教文館、二〇一六年
洋泉社編集部編『ここまでわかった本能寺の変と明智光秀』洋泉社歴史新書y、二〇一六年
天野忠幸『荒木村重』戎光祥出版、二〇一七年
金子拓『織田信長――不器用すぎた天下人』河出書房新社、二〇一七年
ロックリー・トーマス、不二淑子訳『信長と弥助――本能寺を生き延びた黒人侍』太田出版、二〇一七年
安部龍太郎『信長はなぜ葬られたのか――世界史の中の本能寺の変』幻冬舎新書、二〇一八年
呉座勇一『陰謀の日本中世史』角川新書、二〇一八年
本郷和人『乱と変の日本史』祥伝社新書、二〇一九年
渡邊大門『明智光秀と本能寺の変』ちくま新書、二〇一九年
小和田哲男『明智光秀・秀満――ときハ今あめが下しる五月哉』ミネルヴァ書房、二〇一九年
和田裕弘『織田信忠――天下人の嫡男』中公新書、二〇一九年
金子拓『信長家臣明智光秀』平凡社新書、二〇一九年
太田牛一、中川太古訳『地図と読む　現代語訳　信長公記』KADOKAWA、二〇一九年
早島大祐『明智光秀――牢人医師はなぜ謀反人となったか』NHK出版新書、二〇一九年

藤田達生『明智光秀伝――本能寺の変に至る派閥力学』小学館、二〇一九年
「総特集　明智光秀」『現代思想』第四七巻一六号、青土社、二〇一九年
渡邊大門『本能寺の変に謎はあるのか？――史料から読み解く、光秀・謀反の真相』晶文社、二〇一九年
五野井隆史『ルイス・フロイス』吉川弘文館、二〇二〇年
桐野作人『明智光秀と斎藤利三――本能寺の変の鍵を握る二人の武将』宝島社新書、二〇二〇年
本郷和人『誤解だらけの明智光秀』マガジンハウス、二〇二〇年

〔論　文〕

高瀬羽皐「本能寺の実歴談（一）」『刀剣と歴史』第一三五号、一九二二年
五野井隆史「イエズス会日本年報について――その手書本の所在を中心にして」『キリシタン研究』第一八輯、一九七八年
高瀬弘一郎「キリシタン関係文書」『日本古文書学講座　第六巻　近世編I』雄山閣、一九七九年
浅見雅一「教会史料を通してみた張献忠の四川支配」『史学』第五九巻二・三号、一九九〇年
浅見雅一「キリシタン時代における日本書翰集の編纂と印刷」『史学』第七一巻四号、二〇〇二年
村井祐樹「幻の信長上洛作戦――出せなかった書状／新出「米田文書」の紹介をかねて」『古文書研究』第七八号、二〇一四年
神田千里「ルイス・フロイスの描く織田信長像について」『東洋大学文学部紀要』史学科篇第四一号、二〇一五年

「本能寺の変」時系列表

和　暦	西　暦	イエズス会文書から	日本側史料から
天正10年 ２月14日	1582年 ３月８日(木)	天変地異が起きる。	
４月22日	５月14日(月)	彗星が出現する。	
５月29日	６月19日(火)		
６月１日	６月20日(水)	光秀、主要な家臣に謀反を告白し、武装して本能寺に向かう。	光秀、武装して本能寺に向かう。
６月２日	６月21日(木)	未明、本能寺の変。正午に情報が安土に到着。安土へ向かう橋が落とされる。	未明、本能寺の変。
６月３日	６月22日(金)	光秀、安土城に向かう。高山右近へ書翰を送付する。	細川家に援助要請の書翰を送付する。
６月４日	６月23日(土)	光秀、安土城に入る。	
６月５日	６月24日(日)		信澄、信孝に殺害される。
６月６日	６月25日(月)		
６月７日	６月26日(火)		
６月８日	６月27日(水)		
６月９日	６月28日(木)		光秀、京都に向かう。細川父子に再度協力を要請する(「細川家文書」)。
６月10日	６月29日(金)		光秀、河内に移動する。
６月11日	６月30日(土)		秀吉、尼崎に到着する。
６月12日	７月１日(日)	光秀、下鳥羽から山崎に向かう。	光秀、将軍義昭の奉戴を述べる。
６月13日	７月２日(月)	山崎の戦い。午後、光秀は勝龍寺城へ敗走。	
６月14日	７月３日(火)	夜または翌日未明、光秀、坂本への途上に没す。明智秀満、坂本城に入城する。坂本城、落城する。	
６月15日	７月４日(水)	安土城、「信長の一人の息子」により放火される。	
６月16日	７月５日(木)	光秀の遺体が本能寺に運ばれる。	
６月17日	７月６日(金)		光秀および斎藤利三の遺体を晒す。
６月18日	７月７日(土)	主戦（山崎の戦い）の５日後、戦乱やむ。	

浅見雅一（あさみ・まさかず）
1962年、東京都生まれ。慶應義塾大学文学部卒業、同大学大学院文学研究科修士課程修了。東京大学史料編纂所助手、同助教授、ハーバード大学客員研究員などを経て、現在、慶應義塾大学文学部教授。専門はキリシタン史。著書に、『キリシタン時代の偶像崇拝』（東京大学出版会）、『フランシスコ＝ザビエル』（山川出版社）、『概説　キリシタン史』（慶應義塾大学出版会）、共著に、『韓国とキリスト教』（中公新書）、共編著に、『キリスト教と寛容』（慶應義塾大学出版会）などがある。

キリシタン教会《きょうかい》と本能寺《ほんのうじ》の変《へん》

浅見《あさみ》雅一《まさかず》

2020年 5 月 10 日　初版発行
2024年 2 月 10 日　5 版発行

発行者　山下直久
発　行　株式会社KADOKAWA
〒102-8177　東京都千代田区富士見 2-13-3
電話　0570-002-301（ナビダイヤル）

装 丁 者　緒方修一（ラーフイン・ワークショップ）
ロゴデザイン　good design company
オビデザイン　Zapp!　白金正之
印 刷 所　株式会社KADOKAWA
製 本 所　株式会社KADOKAWA

角川新書
© Masakazu Asami 2020 Printed in Japan
ISBN978-4-04-082338-6 C0221

※本書の無断複製（コピー、スキャン、デジタル化等）並びに無断複製物の譲渡および配信は、著作権法上での例外を除き禁じられています。また、本書を代行業者等の第三者に依頼して複製する行為は、たとえ個人や家庭内での利用であっても一切認められておりません。
※定価はカバーに表示してあります。

●お問い合わせ
https://www.kadokawa.co.jp/（「お問い合わせ」へお進みください）
※内容によっては、お答えできない場合があります。
※サポートは日本国内のみとさせていただきます。
※Japanese text only

KADOKAWAの新書 好評既刊

生と性が交錯する街
新宿二丁目
長谷川晶一

「私が死んだら、この街に骨を撒いて」——。欲望渦巻く街、新宿二丁目。変わり続けるこの街とともに人生を歩んできた6人の物語。変化を続けるなかで今、この街と人が語りえるものとは何か。気鋭のノンフィクション作家による渾身作。

世界の性習俗
杉岡幸徳

神殿で体を売る女、エッフェル塔と結婚する人、死体とセックスする儀式……。一見すると理解に苦しむ風習の中には、摩訶不思議な性の秘密が詰まっている。世界中の奇妙な性習俗を、この本一冊で一挙に紹介！

宗教の現在地
資本主義、暴力、生命、国家
池上 彰
佐藤 優

各国で起きるテロや拡大する排外主義・外国人嫌悪《ゼノフォビア》、変転する中東情勢など、冷戦後に〝古い問題〟とされた宗教は、いまも世界に多大な影響を与え続けている。最強コンビが動乱の時代の震源たる宗教を、全方位から分析する濃厚対談！

知らないと恥をかく東アジアの大問題
池上 彰
山里亮太
MBS報道局

山ちゃんの「目のつけどころ」に、「池上解説」がズバリ答える。MBSの人気深夜番組が待望の新書化。中国、朝鮮半島、太平洋を挟んでの米中対決……気になる東アジアの厄介な大問題を2人が斬る！

戦車将軍グデーリアン
「電撃戦」を演出した男
大木 毅

WWⅡの緒戦を華々しく飾ったドイツ装甲集団を率いた将軍にして、「電撃戦」の生みの親とされた男。だが、「電撃戦」というドクトリンはなかったことが今では明らかになっている。欧州を征服した「戦車将軍《パンツァーゲネラル》」の仮面を剝ぐ一級の評伝！